À Jimmy,
à qui je
prédis une
carrière "pluriell".

Michel D

MICHEL DORAIS

La sexualité plurielle

Le développement des orientations
et des préférences sexuelles.

Les Éditions Prétexte,
Montréal

I

Éditeur: Les Éditions Prétexte,
C.P. 343, succursale M,
Montréal, H1V 3L8

Maquette et graphisme: Hilaire Lévesque

Dactylographie: Micheline Proulx

Photographie: Françoise Lavallée

Dépôt légal, 3e trimestre 1982
Bibliothèque Nationale du Québec
Bibliothèque Nationale du Canada

ISBN 2-9800138-0-3

II

REMERCIEMENTS.
J'exprime ma reconnaissance à Richard Chartier pour son support au cours de la rédaction de ce livre.

Que soient aussi remerciés ceux et celles qui ont cru en cet ouvrage. Leur encouragement me fut précieux.

TABLE DES MATIÈRES

V

1

Expliquer
la diversité

L'idée de ce livre est venue des questionnements, des recherches et des réflexions qu'a nécessité mon travail quotidien auprès de personnes aux prises avec des problèmes psycho-sociaux reliés à leurs orientations, à leurs préférences ou à leurs pratiques sexuelles.

Insatisfait des modèles théoriques dominants en matière de sexualité, parce que trop normatifs et peu fonctionnels lorsqu'il s'agissait d'aider les gens tout en respectant ce qu'ils sont, j'ai voulu développer une vision alternative de la sexualité contemporaine. Cette conception, contrairement aux énoncés les plus traditionnels, vise à expliquer la pluralité des désirs et des comportements sexuels. La coupure exercée entre le soi-disant normal et le soi-disant pathologique m'a toujours semblé des plus arbitraires. Aussi, j'ai préféré rejeter une telle dichotomie au profit d'une explication à caractère général du développement des orientations et des préférences sexuelles, quelles qu'elles soient.

A l'inverse des opinions les plus largement répandues, nous verrons qu'il existe à l'origine de toute préférence sexuelle des processus identiques, que j'appellerai processus ou mécanismes d'érotisation. Lorsque nous examinerons ces mécanismes inhérents à l'érotisation, nous constaterons combien les mêmes paramètres peuvent s'appliquer au développement de toute sexualité. Qu'il s'agisse d'orientation hétérosexuelle, homosexuelle ou bisexuelle, d'attirance envers certains/es partenaires (d'un sexe ou des deux) plutôt qu'envers tels/les autres, de pratiques socialement encouragées ou réprimées, le cadre théorique que je propose jette un éclairage d'ensemble sur les réalités sexuelles. Par-delà les différences individuelles en termes de désirs ou de comportements sexuels, je veux montrer qu'il existe des bases explicatives générales à l'affectivité et à la sexualité contemporaines.

Le plan de ce livre correspond à une logique bien déterminée, de laquelle il apparaîtra utile d'esquisser brièvement les grandes lignes. Outre la présente introduction, dans laquelle je compte donner un aperçu de ma démarche, j'ai jugé opportun d'ajouter certaines considérations épistémologiques en guise de préambule à mon propos. C'est pourquoi le second chapitre de ce livre traite des rapports entre la science et l'idéologie: les sciences dites "humaines" n'échappent nullement, pas plus que les autres d'ailleurs, à la subjectivité et à la culture. Comme il serait assurément difficile de vouloir parler de sexualité sans tenir compte des théories antérieurement élaborées et diffusées en ce domaine, le chapitre troisième s'attache à contextualiser les principales conceptions qui ont été véhiculées jusqu'à présent en matière de sexualité humaine. Cet exercice permettra incidemment de situer plus clairement ma propre perspective de travail. L'importance populaire accordée aux notions d'inné et d'acquis, lorsqu'on disserte de sexualité humaine, justifie les mises au point faites à cet égard au quatrième chapitre. Le rôle joué par la culture dans l'élaboration des préférences et des pratiques sexuelles m'a incité à consacrer le chapitre suivant à l'évolution des attitudes et des comportements sexuels à l'intérieur de la culture occidentale.

Le sixième chapitre, qui constitue la section clé de cet ouvrage, porte sur les processus d'érotisation et sur les phénomènes qui leur sont périphériques. Nous verrons alors comment les préférences sexuelles se structurent puis se stabilisent ou se modifient, ceci à partir de divers facteurs liés à la culture, à l'environnement, à la conjoncture, de même qu'à l'expérience et à la rationalité individuelles. Le dernier chapitre constituera, en quelque sorte, la conclusion-synthèse de l'ensemble du cheminement réalisé. Enfin, comme je souhaiterais que la présente étude soit d'abord considérée comme un point de départ pour des explorations ultérieures des mécanismes individuels et culturels régissant la sexualité contemporaine, j'y incluerai une bibliographie commentée. J'espère surtout qu'elle permettra à ceux et celles qui sont intéressés par l'élaboration de conceptions renouvelées de la sexualité humaine d'y trouver des outils stimulants pour ce faire.

Afin de faciliter la compréhension d'ensemble de la théorie développée dans ce volume, je terminerai cette introduction en dressant, de façon très synthétique, les principales hypothèses de travail qui seront élaborées à l'intérieur des chapitres qui suivent.

I—La sexualité humaine se traduit par des désirs (ce que l'on veut faire) et par des comportements (ce que l'on fait).

II—Ces désirs et ces comportements, quels qu'ils soient, représentent des manifestations différentes les unes des autres, chez des individus différents les uns des autres, à des moments différents de leur vie, selon des circonstances différentes les unes des autres, tout ceci à l'intérieur de sociétés historiquement et culturellement différentes les unes des autres.

III—Toute société édifie (et, éventuellement, modifie) sa propre hiérarchie de valeurs en ce qui concerne les désirs et les comportements sexuels. A partir de l'arbitraire culturel[1] qui a été développé à travers son histoire, chaque société se donne un système de valeurs qui permet à ses membres d'identifier, à tout moment, les désirs et les comportements sexuels qui seront, selon le cas, encouragés, permis, tolérés, restreints, interdits ou réprimés. De tels systèmes de valeurs peuvent être

---

(1) Nous retiendrons la définition qu'en donne Pierre Bourdieu dans *La reproduction,* soit: "la sélection des significations qui définit objectivement la culture d'un groupe (...) est arbitraire en tant que la structure et les fonctions de cette culture ne peuvent être déduites d'aucun principe universel, physique, biologique ou spirituel, n'étant unies par aucune espèce de relation interne à la "nature des choses" ou à une "nature humaine"" (p. 22, éd. de Minuit, 1970).

communs à tous les membres de la société ou encore s'appliquer de façon différenciée selon le sexe, le statut, l'âge, etc., des individus. Ces systèmes sont sujets à changements puisqu'ils résultent de l'interaction de facteurs potentiellement en évolution constante, tels que le sont les rapports politiques, économiques et sociaux à l'intérieur d'une société déterminée.

IV—Corollairement à l'énoncé précédent, les désirs et les comportements sexuels ont des significations et des conséquences individuelles différentes selon qu'ils sont culturellement encouragés ou découragés, permis ou interdits, tolérés ou réprimés, objet d'honneur ou d'opprobre social.

V—Nonobstant les significations, conséquences et réactions, tant individuelles que sociales, qu'ils suscitent, les désirs et les comportements sexuels peuvent être considérés comme des faits. Conséquemment, les désirs sexuels humains peuvent être considérés comme tout autre désir. De même, les comportements sexuels humains peuvent être considérés comme tout autre comportement.

VI—Les désirs et les comportements sexuels humains s'insèrent, comme tout autre désir ou tout autre comportement, à l'intérieur de stratégies élaborées afin d'atteindre certains résultats anticipés par la personne (par exemple, la survie, la valorisation, le gain matériel, le plaisir, etc.).

VII—La personnalité humaine, y compris sa sexualité, est à la fois culturellement produite (puisqu'elle représente un résultat précis à un moment donné) et culturellement productrice (puisqu'elle génère, à son tour, de façon potentiellement continue, des changements sur elle-même et sur son environnement).

Une telle conception de la sexualité humaine s'inscrit en faux contre le modèle psychanalytique, qui a mis l'accent sur l'intrapsychique et son interprétation versus les faits concrets, sur un développement "normal" versus des développements "pathologiques". Cette vision s'oppose aussi au modèle socio-biologique, qui considère le comportement sexuel comme l'aboutissement de quelqu'instinct inné, comme la réalisation de quelqu'essence génétiquement déterminée. La compréhension que j'ai de la sexualité contredit aussi, en grande partie, le modèle béhavioriste, qui tend à ne voir en l'humain qu'un automate conditionné et conditionnable à volonté, coupé de sa conscience et des valeurs auxquelles il adhère, privé de son autonomie relative.

2

La science
et l'idéologie

Proposer une conception de la sexualité humaine qui soit en rupture à la fois avec les théories les plus traditionnellement acceptées (le freudisme) et avec les doctrines présentement les plus à la mode (le sociobiologisme) pourra paraître à certains comme une démarche péchant par hardiesse ou par futilité. Chez ces gens pour qui la science représente, à l'image d'une religion, un ensemble de dogmes inébranlables, aptes à braver le temps et l'espace, il est probable que toute innovation théorique représente une condamnable hérésie. A l'opposé, tous ceux et celles qui croient que le propre de la science c'est d'abord le développement d'une pensée critique verront dans ce travail une contribution au renouvellement nécessaire de notre compréhension de la sexualité.

À la vision figée du monde et de l'humain qu'on retrouve chez les tenants des théories en vogue concernant la personnalité et la sexualité, j'ai préféré une vision dynamique des hommes et des femmes, de leurs rapports et de la société au sein de laquelle ils évoluent. Au fatalisme pontifiant de ces "scientifiques" qui s'acharnent à nous décrire l'humain prisonnier de ses gènes, de ses angoisses existentielles, de son système politique ou de ses premiers apprentissages, j'oppose une représentation qui reconnaît femmes, hommes et enfants comme acteurs participant à la production (donc, potentiellement, à la transformation) constante du monde qui est le leur[2].

On sait maintenant que la conception du monde à laquelle nous adhérons comme individus a les plus grands effets sur les théories (implicites ou explicites) que nous élaborons pour mieux l'expliquer[3]. Nul n'échappe à cela, les "scientifiques" pas plus que les idéologues (en admettant que ces deux catégories soient considérées distinctes). Aussi, le mythe de la neutralité scientifique commence-t-il à être remis en question. Nous découvrons de plus en plus que l'antagonisme que notre culture a érigé entre le bien et le mal, le vrai et le faux, l'objectif et le subjectif demeure une dichotomie largement abstraite et arbitraire.

Comme l'a souligné l'historien des sciences Pierre Thullier[4], "dans le cas général, il n'y a pas de limites

---

(2) Le sociologue Alain Touraine a développé une telle perspective dans son oeuvre. On lira notamment de cet auteur *La voix et le regard,* éditions du Seuil, Paris, 1978.

(3) Voir notamment à ce sujet: Paul Feyerabend, *Contre la méthode,* éd. du Seuil, Paris, 1979, et Gérard Holton, *L'imagination scientifique,* Gallimard, Paris, 1981.

(4) Les *biologistes vont-ils prendre le pouvoir?* et *Darwin et Co,* éditions Complexe, Bruxelles, 1981.

précises et parfaitement déterminables entre la classe des énoncés "scientifiques" et celle des énoncés "idéologiques"". Plus encore, l'histoire des sciences montre combien l'idéologie a très souvent joué un rôle significatif dans la constitution des théories dites scientifiques. L'auteur précédemment cité a notamment démontré combien les intuitions, les conjectures et les interprétations du scientifique conditionnent nécessairement son observation des faits qu'on dit bruts. Ainsi, les *faits* sur lesquels se bâtissent les théories sont en quelque sorte *construits,* c'est-à-dire préalablement définis et circonscrits de façon à rendre leur examen possible. Toute observation scientifique n'opère-t-elle pas, en effet, une sélection parmi une infinité de faits pour n'en retenir que certains, supposés davantage significatifs que d'autres ?

Tout théoricien demeure avant tout un sujet observant la "réalité" à travers ses propres lunettes, c'est-à-dire sa conception du monde et de la science, ses idéologies, ses instruments pour appréhender les faits qu'il prétend décrire, les autres théories auxquelles il adhère, le langage qu'il utilise, etc. Qu'on le veuille ou non, l'élaboration de théories scientifiques, qu'elles visent à expliquer le mouvement des planètes ou le développement de la sexualité, demeure une activité qui, loin de se limiter à une observation passive des *faits,* implique un travail d'intuition et de créativité. En ce sens, la subjectivité du théoricien joue un rôle important dans tout travail scientifique. Et reconnaître cet état de chose signifie simplement qu'on cesse de considérer les théories dites scientifiques comme des vérités révélées, mais qu'on les conçoive plutôt comme des conceptions du monde, conceptions qui, comme le révèle l'histoire des sciences[5], sont susceptibles d'être modifiées, corrigées, puis abandonnées au profit de représentations différentes.

Une chose demeure bien claire: les théories dites scientifiques ont des conséquences certaines au plan social et culturel, car elles tendent à imposer les conceptions au monde qu'elles véhiculent[6]. D'abord, parce que la légitimité et la crédibilité de ce qui se réclame de la science sont grandes à l'intérieur de notre culture; ensuite, parce que cette légitimité et cette crédibilité permettent une diffusion remarquable de l'idéologie scientiste et de ses produits[7]. Au nom de l'orthodoxie scientifique (la "science officielle"), certaines conceptions et idéologies en viennent ainsi à être survalorisées, alors que d'autres se voient systématiquement discréditées. Plus encore, la parole des scientifiques tend à être considérée comme vérité indiscutable à laquelle tous devraient obligatoirement se soumettre. "Si c'est scientifique, c'est vrai", a-t-on facilité à conclure. Les *découvertes* et les *révélations* scientifiques apparaissent alors

---

(5) Les travaux précédemment cités de Feyerabend, Holton et Thuillier sont éloquents à ce sujet.

(6) Les ouvrages suivants sont éclairants à ce propos: *(Auto) critique de la science,* A. Jaubert et autres, Seuil, 1975; *L'idéologie de/dans la science,* H. Rose et autres, Seuil, 1977; *Discours biologique et ordre social,* P. Achard et autres, Seuil, 1977.

(7) Qu'on songe, par exemple, au pouvoir des médias, qui servent de relais aux "vulgarisateurs scientifiques" de tout acabit.

comme des dogmes: la foi scientiste devient quasi une religion à l'échelle planétaire. Et comme toute pensée dogmatique, elle produit intolérance et oppression. L'intervention répressive menée auprès des personnes scientifiquement étiquetées déviantes, anormales ou marginales en est un exemple parmi d'autres.

Lorsque nous considérons l'activité humaine, y compris l'activité intellectuelle, comme produit mais aussi comme productrice d'une société déterminée, nous devons reconnaître que cette activité oriente l'évolution de la société. La recherche, *scientifique* ou pas, ne saurait donc prétendre à la neutralité: la fabrication de toute théorie représente un choix politique de société. Le savoir n'est jamais impartial, parce qu'il est représentation du monde et que cette représentation du monde détermine nos stratégies pour le préserver ou le transformer et dans quelle direction le faire.

Les théories concernant le développement de la sexualité humaine ne font pas exception à la règle: elles reflètent la conception du monde de ceux qui les ont construites et génèrent à leur tour une représentation particulière de la réalité. Comme notre représentation du monde détermine en grande partie notre façon d'être et d'agir à l'intérieur de celui-ci, nous constatons que les théories dominantes en matière de sexualité ont façonné non seulement notre manière de concevoir nos sexualités et de nous concevoir nous-mêmes, mais ont aussi affecté notre façon d'intégrer notre vécu sexuel, bref de vivre. Ainsi notre relation avec nous-mêmes et avec les autres se trouve largement tributaire des théories disponibles, implicites ou explicites, qui sont susceptibles de fournir de la rationalité à notre conduite. Selon qu'il est défini socialement ou qu'il se définit lui-même comme hétérosexuel, bisexuel ou homosexuel, comme sain ou pervers, normal ou anormal, comme appartenant à la majorité ou à une minorité, etc., l'individu adoptera des comportements que je dirais *adaptatifs* à sa condition, comportements possiblement fort différents les uns des autres.

Si les théories, scientifiques ou autres, sont susceptibles d'influencer notre vécu individuel et collectif à ce point, ne serions-nous pas en droit de pouvoir les travailler à notre tour ? C'est pourquoi, j'affirme qu'il y a lieu d'élaborer des théories alternatives en matière de personnalité et de sexualité humaines. D'autant plus que la normativité qui a traditionnellement régenté la psychologie et la sexologie n'est pas la seule option possible.

3

Du psychanalysme au sociobiologisme

Pour beaucoup de gens la théorie freudienne demeure encore le schème explicatif universel lorsqu'il s'agit de comprendre le développement psychosexuel de l'être humain. Pierre angulaire de cette théorie, le complexe d'Oedipe leur apporte, semble-t-il, des réponses suffisamment convaincantes aux questions qu'ils se posent. Peut-être faudrait-il simplement leur rappeler que si la théorie de Freud pouvait s'avérer intéressante pour expliquer le développement sexuel dans la société européenne bourgeoise du début XXe siècle, il n'en va plus de même dans la société d'aujourd'hui. En effet, le contexte tant familial que social a été considérablement transformé: le père ne joue généralement plus un rôle aussi omnipotent auprès de ses enfants, il existe aujourd'hui un grand nombre de familles monoparentales dont le chef est souvent une femme, les enfants sont en grande partie socialisés à l'extérieur de leur famille, enfin, les figures dites d'identification ne sauraient se limiter aujourd'hui aux parents puisque le milieu scolaire et récréatif ainsi que les nombreux médias avec lesquels l'enfant se trouve constamment en contact (notamment la télévision) lui offrent une infinité de modèles possibles. L'anthropologue Bronislaw Malinowski[8] a par ailleurs déjà démontré combien la phase dite universelle de l'Odipe ne se retrouvait nullement chez des cultures différentes de la nôtre et ne pouvait, en fait, être attribuée qu'à des cultures fortement patriarcales.

Aussi, la théorie freudienne devrait être considérée pour ce qu'elle est vraiment: une hypothèse philosophique, qui n'a même jamais été vérifée "scientifiquement" et qui, selon toute vraisemblance, ne saurait s'appliquer qu'en contextes socio-culturels très similaires à celui qui l'a vue naître.

D'ailleurs, il faut bien constater que Freud lui-même reflétait assez bien, quoiqu'on en dise, les valeurs et préjugés de son époque ainsi que de son milieu. Sa survalorisation du mâle, son assujettissement de la sexualité féminine à la sexualité masculine, sa façon rigide de distinguer les rôles masculins et féminins le ferait vraisemblablement taxer, s'il vivait aujourd'hui, de machiste ou de sexiste. La préséance qu'il accorde au sexuel, le focus qu'il met sur l'intra-psychique, son système de causalité linéaire, sa prétention de cerner une nature humaine universelle et immuable, la dichotomie qu'il exerce entre normalité et anormalité, etc. constituent une méthode qui illustre bien les avatars de la pensée scientifique de l'époque. Car, est-il nécessaire de le rappeler, les théories élaborées à une époque donnée dans

---

(8) *La sexualité et sa répression dans les sociétés primitives,* Payot, Paris, 1933.

une société déterminée sont tributaires, au moins en partie, des structures de pensée, comme des structures sociales, propres à cette culture. C'est ainsi que nous sommes éventuellement amenés à revoir et à corriger nos explications de la réalité. Dans le domaine de la sexualité, ce qui paraissait vérités scientifiques indiscutables il y a encore moins d'un siècle (par exemple, que la masturbation est pathologique et doit être combattue) se voit aujourd'hui considéré comme idéologies vétustes et moralisatrices.

Ceci nous amène précisément à parler de l'utilisation moralisatrice des théories concernant la sexualité humaine. C'est d'ailleurs là le principal reproche qu'on peut adresser à la théorie freudienne et à ses disciples: avoir défini un modèle rigide de normalité hors lequel il n'existât peu ou point de salut. Mais quels critères présidèrent donc à l'établissement de ce modèle? Curieusement, il semble que Freud se soit lui-même considéré comme idéal de développement à atteindre. Rien d'étonnant, dès lors, que sa théorie tende à définir l'humain sain comme un homme, monogame, hétérosexuel exclusif, et plutôt conformiste dans ses comportements. Ceci ne serait pas très grave si le modèle freudien eût été une théorie parmi d'autres; mais récupérée politiquement, imposée comme vérité pendant des décennies, elle justifia une normativité rigide et intolérante à l'égard de tous, hommes, femmes et enfants.

Bien sûr, la théorie psychanalytique ne fut pas la seule à proposer une explication ainsi qu'une normativité aux désirs et aux comportements sexuels, mais force nous est de constater qu'elle a prévalu sur les autres, jusqu'au point où le modèle freudien soit devenu le modèle de référence dominant en matière de sexualité à l'intérieur de notre culture.

Diverses autres théories explicatives ont été élaborées, notamment depuis la fin du siècle dernier à nos jours, afin d'expliquer ou d'avaliser la sexualité humaine. Sans avoir la prétention d'en effectuer une revue exhaustive, j'ai voulu répertorier, quoique de façon très concise, les principales d'entre elles à l'intérieur du tableau qui suit. Ceci devrait nous permettre de visualiser la diversité des compréhensions qu'a vu naître jusqu'à ce jour notre culture concernant la sexualité humaine. Il importe cependant de noter que ce tableau ne tient pas compte des rapports de pouvoir ou de domination existant entre les tenants d'un modèle théorique et ceux d'un (des) autre(s), rapports qui contribuent souvent à instaurer la crédibilité, la légitimité et, éventuellement, la prédominance, de ce modèle.

CRÉATIONNISME — NORMATIF

Principaux auteurs: (St-Thomas d'Aquin)*, Samuel Tissot, Césare Lombroso, Richard Von Krafft-Ebing.

Quelques caractéristiques:
— Primauté accordée au respect d'une certaine *nature humaine.*
— Notion de *nature* vs *contre-nature ou dé-nature.*
— L'ordre naturel peut être perturbé d'où notions de *perversion, inversion* et *dégénérescence.*
— Classification des comportements à partir de normes essentiellement morales.

FREUDISME ET NÉO-FREUDISME

Principaux auteurs: Freud, les psychanalystes, Erickson, Stoller.

Quelques caractéristiques:
— *Normal* vs *pathologique.*
— Établissement de *phases* du développement normal.
— Focus sur l'intrapsychique.
— Interprétation des faits centrée sur le développement de la personnalité individuelle (nature humaine).
— Notions d'*instinct sexuel, d'identité sexuelle* et de *déviations.*

FREUDO-MARXISME

Principaux auteurs: Reich, Marcuse.

Quelques caractéristiques:
— Entérine en majeure partie la théorie freudienne en y ajoutant une dimension socio-politique:
— Certaines *restrictions* ou *répressions* sexuelles résultent de l'organisation de la société.
— Aspiration à une nouvelle morale sexuelle, à une normativité différente qui augurerait la société post-capitaliste idéale.
— La réappropriation de son corps est un pivot de la "révolution" sociale anticipée.

MATÉRIALISME-DIALECTIQUE

Principaux auteurs: (G. Politzer, L. Sève),J. Van Ussel, S. Firestone.

Quelques caractéristiques:
— Le comportement sexuel est un *acte* et, comme tout acte, vise à une *finalité.*
— Rejet du freudisme et du normatif: le corps est politique.
— Les rapports sociaux, économiques et politiques à l'intérieur d'une société tendent à déterminer les rapports sexuels à l'intérieur de cette société.
— Inversement, les attitudes et les comportements sexuels ont des implications socio-économico-politiques.

DE LA SEXUALITÉ HUMAINE

BÉHAVIORISME ET NÉO-BÉHAVIORISME

Principaux auteurs: (Pavlov), (Skinner), Master et Johnson.

Quelques caractéristiques:
— La sexualité résulte d'un (de) conditionnement(s), adéquat(s) ou inadéquat(s) selon que les résultats obtenus sont jugés souhaitables ou pas, *fonctionnels ou dysfonctionnels.*
— Il y a généralisation à partir d'expériences sexuelles initiales.
— Il peut y avoir *ré-orientation*, c.a.d. dé-conditionnement ou re-conditionnement des comportements, voire même des *instincts.*

CULTURALISME

Principaux auteurs: Havelock Ellis, A. Kinsey, Ford et Beach, S. Hite.

Quelques caractéristiques:
— Ne pas porter de jugement de valeurs, car tout est relatif selon les époques, les cultures, etc.
— Focus sur la signification sociale des comportements sexuels (études comparatives).
— Étudier et rapporter les *faits* en eux-mêmes.
— "L'instinct" est *culturel*, "l'identité" aussi.

* Interactionisme symbolique

SOCIO-BIOLOGISME

Principaux auteurs: E.O. Wilson; Bell, Weinberg et Hammersmith.

Quelques caractéristiques:
— Renoue avec les théories aliénistes pré-freudiennes.
— Les comportements (y compris sexuels) sont *innés,* puisque déterminés génétiquement.
— Le biologique explique le social.
— Possibilité de contrôler éventuellement les comportements à partir de sélections ou de manipulations génétiques.

MODÈLE STRATÉGIQUE

Principaux auteurs: (M. Crozier et E. Friedberg), (E. Goffman), Simon et Gagnon.

Quelques caractéristiques:
— Les comportements, y compris sexuels, s'insèrent à l'intérieur de *stratégies* (ou scénarios) visant des résultats (ou des gains) anticipés.
— Les opportunités, la rationalité et l'autonomie dont dispose la personne, comme acteur social, orientent sa conduite.

---

* Ont été mis entre parenthèses les auteurs qui ont élaboré une théorie générale des comportements humains, sans toutefois l'avoir nécessairement appliquée spécifiquement aux comportements sexuels.

Le schéma que je viens de dresser permettra peut-être de situer ma propre thèse par rapport à ces modèles, selon les théories d'allégeance qu'on identifiera dans mes propos. Je crois, quant à moi, que l'approche développée dans ce livre s'apparente surtout aux conceptions culturalistes, matérialistes-dialectiques et stratégiques de la sexualité humaine. Elle s'oppose, en ce sens, aux visions freudiennes (et à leurs dérivées) ainsi qu'aux autres courants déterministes (créationnisme-normatif et socio-biologique). Du béhaviorisme, elle retient quelques concepts, mais en rejette l'idéologie mécaniste et réductrice.

Une récente étude réalisée par Alan Bell, Martin Weinberg et Sue Hammersmith, *Sexual Preference* [9], visa précisément à tester les théories traditionnelles, surtout freudiennes, concernant le développement de l'orientation sexuelle (il serait sans doute plus juste de dire: sur le développement de l'orientation homosexuelle, puisqu'en refermant le volume en question on n'en sait pas davantage sur le développement de l'hétérosexualité). Disons-le tout de suite: cette recherche d'envergure est plus que décevante.

D'abord la méthode choisie pour recueillir les données est fort discutable puisqu'on prend pour acquis que les souvenirs d'enfance et d'adolescence des gens représentent des données fiables. On devrait pourtant savoir que non seulement notre mémoire est sélective mais encore elle re-structure et ré-interprète constamment notre

---

(9) *Sexual Preference,* Indiana University Press, Bloomington, 1981.

passé afin de lui donner quelque rationalité par rapport à notre vécu actuel. Lorsqu'ils évoquent leur passé, les individus ne décrivent pas "objectivement" LA réalité, tel un film des événements qu'on projetterait sur un écran, mais ils transmettent plutôt leur perception de cette réalité, perception qui est tributaire de leur position d'acteurs à l'intérieur des situations décrites, des catégories et des mots qu'ils connaissent pour définir leur vécu, des réactions antérieures ou anticipées de la part d'autrui face à cette réalité, etc. Plus encore, notre expérience de vie ultérieure, l'adhésion à de nouvelles catégories pour classifier la réalité et le besoin de situer notre vécu actuel dans une certaine continuité par rapport à notre vécu antérieur, exercent une influence considérable sur la vision que nous avons de notre expérience passée.

Ensuite la méthode d'analyse des données, appelée "path analyses" ou analyses de cheminement, part du principe qu'il existerait un processus unique et linéaire pour accéder soit à l'hétérosexualité soit à l'homosexualité (car, malgré leur titre prometteur, ce sont sur ces deux seules "préférences", jugées dichotomiques, que se penchent les auteurs). Le parti pris inhérent à la méthode d'analyse utilisée mène inexorablement aux résultats obtenus, dont on ne se surprend guère dès lors: les homosexuels/les sont différents/es des hétérosexuels/les parce qu'ils/elles posséderaient une identité de genre *(gender identity)* "non-conforme". Dans une société où l'appartenance à un sexe ou à l'autre est considérée comme une caractéristique personnelle dominante et où les stéréotypes sexuels sont très rigides, la "découverte" que la majorité des personnes d'orientation homosexuelle croient qu'elles ont eu un comportement "non-conforme" à leur sexe anatomique est une tautologie. Après tout, on leur a répété depuis toujours qu'une personne qui est attirée par un individu de son sexe n'a pas une conduite conforme à son sexe.

Dans leur obstination à n'envisager les préférences sexuelles que sous l'angle de la supposée dichotomie homosexualité/hétérosexualité, alors même que ces deux caractéristiques recouvrent respectivement des comportements extrêmement variés, dissemblables, voire opposés, les auteurs de *Sexual Preference* renforcent les préjugés qu'ils prétendent pourtant combattre. Pire encore: à force de vouloir trouver une ESSENCE différence (presqu'une sous-espèce!) dans l'homosexualité, les auteurs surmarginalisent cette orientation sexuelle en la limitant à quelques individus constitutivement différents. Ceci se fait d'ailleurs contre toute logique tellement l'ensemble des données disponibles (données fournies en partie par le même institut Kinsey d'où sort cette recherche) sur l'incidence des désirs et des comportements homosexuels dans la population en général s'oppose à toute dichotomie arbitraire entre homosexualité et hétérosexualité.

Les psychanalystes avaient fait de l'homosexualité une psychopathologie. Bell, Weinberg et Hammersmith, en bons libéraux qu'ils sont, rejettent cette opinion qu'ils jugent non fondée; cependant ils vont encore plus loin en faisant de l'homosexualité non plus pathologie, une maladie ou un vice, mais bien une TARE. En effet, en concluant que seule l'hypothèse d'une disposition

24

biologique particulière pourrait désormais expliquer l'homosexualité (puisqu'on n'a pu, soi-disant, trouver d'autres interprétations à travers l'étude réalisée), les auteurs versent dans le sociobiologisme le plus naïf et le plus réactionnaire. Du docteur Lombroso qui prétendait, il y a un siècle, qu'on naissait criminels ou pervers, ils sont assurément les dignes héritiers. Il est cependant navrant de constater qu'il ait fallu plus de dix ans de recherches "scientifiques" pour en arriver là.

Quant à savoir si la reconnaissance de bases prétendument biologiques à l'homosexualité fera s'éteindre d'eux-mêmes homophobie et hétérosexisme, il faut être ou très candides ou très malhonnêtes pour tenir, comme le font Bell et son équipe, de tels propos. Savoir que les femmes n'ont pas décidé d'être femmes n'a jamais empêché la misogynie ni le sexisme. Comprendre que la couleur de la peau concerne l'hérédité n'a jamais mis fin au racisme. Il faut, au contraire, faire preuve d'une certaine intolérance pour professer qu'il existe une norme unique et que ceux qui ne s'y conforment pas sont des accidents ou des adversités de la nature. C'est là nier le droit à la différence et, à plus forte raison, à la dissidence. Même le fait que l'homosexualité puisse être "apprise" (ce qui, selon Bell et compagnie, donnerait des arguments supplémentaires aux campagnes anti-homosexuelles) n'enlèverait absolument aucune valeur à cette orientation, à moins bien sûr qu'on ne la considère inférieure. Établir que l'hétérosexualité est "acquise" ne la diminuerait pas davantage. On ne voit pas pourquoi un comportement parce qu'inné serait nécessairement meilleur ou plus légitime qu'un comportement appris... Personne n'a jamais songé, à ma connaissance, à condamner les apprentissages humains que sont le langage, le métier qu'on exerce, la musique ou les sports. Je prône, quant à moi, le respect des gens tels qu'ils sont, dans la mesure où ils ne portent préjudice à personne. Mais ce n'est parfois pas le cas chez beaucoup de "scientifiques"...

Je me suis quelque peu arrêté sur l'étude intitulée *Sexual Preference* pour souligner combien la recherche dite scientifique la plus actuelle n'est pas dénuée des mêmes partis pris qu'elle reproche elle-même à ses prédécesseurs ou à ses concurrents. En utilisant la méthode employée par Bell, Weinberg et Hammersmith, il serait probablement tout aussi possible de réaliser une étude sur les hommes qui préfèrent les blondes (supposons qu'ils sont majoritaires) et sur ceux qui préfèrent les brunes (supposons qu'ils sont minoritaires) puis de conclure que seule une différence biologique fondamentale ou une "prédisposition naturelle" innée pourrait expliquer le goût (pour les brunes) jugé marginal.

Il existe une multitude de préférences et de pratiques sexuelles à l'intérieur des homosexualités, bisexualités et hétérosexualités. Tenter d'expliquer en termes de causalités linéaires le développement d'un goût ou d'une attirance plutôt que d'autres restera toujours artificiel et tributaire de notre sempiternel entêtement à établir des règles, des normes et des dichotomies en matière sexuelle. Tant qu'on prendra, par exemple, pour acquis que l'hétérosexualité, monogamique et exclusive, est la référence universelle, normale et automatique, tant qu'il faudra conséquemment expliquer pourquoi certains/es débouchent malgré tout sur l'homosexualité, sur la bisexualité ou sur toutes sortes de comportements "déviants" par rapport à LA norme, on en arrivera à des hypothèses explicatives aussi erronnées et farfelues les unes que les autres.

Ce qu'il faut peut-être tenter de comprendre c'est le développement des multiples préférences sexuelles en termes de goûts et de pratiques, de diversité et de labilité, ceci à l'intérieur d'une pluralité de personnalités. Il est probable qu'il n'existe pas deux personnes qui possèdent exactement les mêmes préférences sexuelles. Aussi, plutôt que de prétendre expliquer la conformité versus la non-conformité, il serait sans doute plus adéquat de développer des hypothèses qui nous permettent de comprendre l'immense diversité des désirs et des comportements sexuels humains.

Le recours à des théories socio-biologiques étriquées ne vaudra jamais la reconnaissance de l'être humain dans ses dimensions individuelles, sociales, historiques et culturelles. Dès lors, on devra emprunter non pas seulement à la biologie ou à la psychologie, mais à la sociologie, à l'anthropologie, à l'histoire, à l'économie, à la politique, etc. Une pluralité de facteurs conditionnent (et, encore, de façons différentes) les attitudes et les comportements humains, y compris sexuels. Et on ne voit définitivement pas pourquoi le fait d'aimer les hommes blonds et musclés plutôt que les femmes rousses et délicates (nous pourrions aussi bien dire: les hommes blonds et délicats versus les femmes rousses et musclées) serait davantage inné que ne l'est le fait d'aimer le vert plutôt que le jaune, Bach plutôt que les Rolling Stones, le spaghetti plutôt que le rosbif.

Pour ma part, je ne crois pas qu'il soit du ressort de quiconque, scientifique ou pas, d'effectuer des jugements moraux, ni de dresser quelque hiérarchie que ce soit afin de déterminer quels sont les comportements souhaitables ou indésirables, normaux ou pathologiques, tarés ou sains. Je n'ai pas davantage l'intention de proposer quelque comportement que ce soit (y compris les miens) en modèle d'équilibre, de vertu ou de vice. Je veux simplement tenter de cerner, à partir des remises en question et des connaissances actuelles, quels peuvent être les mécanismes régissant le développement de la sexualité, plus particulièrement des orientations et préférences sexuelles de nos contemporains. Si j'emploie ici le terme "contemporains", c'est précisément afin d'éviter toute universalisation historique ou culturelle indue, procédé dont j'ai précédemment dénoncé les abus. Sans nul doute, les différences au niveau de la socialisation des hommes et des femmes à l'intérieur de notre culture exigeraient de nombreuses nuances supplémentaires, dans un sens ou dans l'autre, à mon propos. Je demeure conscient de cette limite, mais je n'en crois pas moins au caractère relativement général de l'analyse de base proposée ici, analyse qui gagnera évidemment à être ultérieurement développée ou étayée encore davantage.

Ce livre traite donc (et là se situe peut-être l'originalité majeure de sa perspective) du développement des orientations et des préférences sexuelles en tant que

composante spécifique de la personnalité humaine contemporaine et non, comme il était généralement d'usage
auparavant, du développement d'une orientation
sexuelle particulière dans le but soit de la prévenir, soit
de la traiter.

4

L'inné versus l'acquis

Il est curieux de voir, aujourd'hui encore, de nombreux sexologues, psychologues et autres considérer "l'instinct" comme déterminant de la conduite sexuelle humaine alors que l'ensemble des données tant éthologiques, anthropologiques que sociologiques tendent à prouver le contraire. L'expérimentation, l'apprentissage et le conditionnement social apparaissent, en effet, essentiellement déterminants en ce qui concerne le comportement sexuel humain. L'être humain, s'il diffère grandement en cela des animaux considérés les plus primitifs dans l'échelle d'évolution des espèces, s'apparente cependant alors aux primates infrahumains (singes et anthropoïdes), chez qui le relâchement des contrôles hormonaux héréditaires sur le comportement sexuel se trouve déjà assez apparent.

Si pour la majorité des animaux[10] le comportement sexuel est influencé par les hormones sexuelles, elles-

---

(10) L'exception est constituée, dans une certaine mesure, par quelques espèces d'animaux domestiques.

mêmes sécrétées à des périodes déterminées[11] (production d'hormones oestrogéniques et cycles ovariens chez la femelle, production d'hormones testiculaires chez le mâle), il n'en va pas de même chez l'humain. Ford et Beach expliquent cette situation de la façon suivante:

"En examinant ces sujets importants, il devient clair que les êtres humains dépendent moins des hormones sexuelles que les primates infrahumains et que ces derniers dépendent à leur tour un peu moins encore du contrôle hormonal que les mammifères inférieurs. On propose donc cette explication: au cours de l'évolution, le contrôle du comportement sexuel par les hormones gonadales a progressivement diminué et il est aujourd'hui relativement indépendant du contrôle hormonal. L'examen des changements qui ont eu lieu dans la structure du cerveau pendant l'évolution des mammifères montre que cette structure est devenue particulièrement plus complexe et importante au fur et à mesure que se développaient les primates et ensuite notre espèce. Le cortex en particulier a assumé un rôle toujours plus grand de direction de tout le comportement, y compris le comportement sexuel. Il semble que l'importance croissante du cerveau explique la relaxation progressive du contrôle hormonal sur les réactions sexuelles. En même temps, la domination croissante du cortex sur les expressions sexuelles a amené à des pratiques érotiques plus labiles et plus modifiables. Le comportement sexuel humain est plus variable et plus facilement affecté par l'apprentissage et le conditionnement social que celui des

---

(11) Ces périodes sont communément appelées saisons des amours ou périodes de rut.

autres espèces; et cela précisément parce que, dans notre espèce, ce type de comportement dépend surtout des parties du cerveau qui se sont développées plus récemment dans l'histoire de l'évolution."[12]

Leur indépendance par rapport aux déterminismes biologiques a aussi permis aux humains de développer des goûts et des préférences en ce qui concerne leur sexualité. Si certains animaux ou certaines espèces (notamment les singes et les anthropoïdes) semblent avoir acquis cette caractéristique, nul doute qu'elle a atteint son point culminant chez l'être humain, dont les attitudes, phantasmes, désirs et comportements sexuels tendent à une pluralité et une variabilité quasi infinies. Ces constatations, jointes aux considérations évolutionnistes précédentes, nous amènent à penser que dans notre espèce l'expérimentation, l'apprentissage et la socialisation ont les effets les plus grands sur les activités sexuelles.

Aussi pourrions-nous déduire qu'au sens strict il n'y a pas d'instincts sexuels chez l'être humain. Ceci n'empêche nullement de reconnaître la base physiologique nécessaire à tout comportement sexuel, mais il faut bien constater qu'elle ne joue aucun rôle dans l'orientation de ces comportements. Autrement dit, si les humains se trouvent physiologiquement constitués de telle façon qu'un comportement sexuel leur est possible et agréable, leur façon d'organiser et de diriger ce comporte-

---

(12) "Le comportement sexuel chez l'homme et l'animal", éd. Robert Laffont, Paris, 1970 (éd. originale: 1951), p. 316.

ment n'est d'aucune manière innée. Au contraire, il apparaît clairement que la culture environnante ainsi que le fruit de son apprentissage et de son expérimentation jouent pour l'humain un rôle de premier plan dans l'élaboration de sa sexualité[13].

Comme nous l'avons vu précédemment, la croyance en des déterminismes biologiques concernant le comportement sexuel humain a connu depuis quelques années un regain de popularité. Ce courant, que l'on nomme sociobiologie, en s'attachant uniquement aux causes biologiques des comportements, tout en ignorant ou en minimisant l'influence de l'expérimentation, de l'apprentissage et de la culture environnante, nie une notion "biologique" pourtant élémentaire: l'organisme humain n'est pas, n'a jamais été, une donnée brute et stable puisqu'il est le produit de la relation étroite qui existe entre les humains et leur environnement tant physique que culturel. Si l'espèce humaine a développé la capacité de transformer son environnement, ce dernier exerce aussi une influence certaine sur le développement humain non seulement en tant qu'espèce mais aussi en tant qu'individu.

Il n'existe pas d'humain à l'état *naturel*, c'est-à-dire hors de son histoire personnelle et collective, hors de sa culture. Aussi, toute la recherche qui prétend démontrer un fondement biologique spécifique aux différences

---

(13) Cette conclusion se trouve aussi largement étayée par les travaux de nombreux anthropologues: M. Mead, B. Malinowski, W. Davenport pour n'en nommer que quelques-uns.

d'orientations sexuelles considère les *résultats* des rapports sociaux humains comme des données "naturelles" ou, pis encore, comme des caractéristiques innées. Je demeure pour ma part convaincu que si l'on passait des tests génétiques ou hormonaux à des membres de groupes socialement marginalisés (militants de gauche, homosexuels et bisexuels, prostituées, chômeurs, etc.) on arriverait probablement à les déclarer biologiquement *"différents"*. En effet, il ne serait nullement surprenant que le stress, les frustrations et les oppressions diverses subies de façon continue de la part de l'environnement en viennent à produire des effets réels au strict plan physique, sans parler des adaptations requises par des styles de vie parfois fort différents de ceux de la moyenne (c'est-à-dire la "normale") des gens.

Les recherches concernant le stress, par exemple, ont démontré combien les conditions de vie des humains peuvent provoquer en eux des réactions biochimiques significatives, modifiant de ce fait leurs propriétés et leur fonctionnement physiologiques. Conséquemment il semble raisonnable de croire que des facteurs tel la socialisation d'un individu, ses conditions matérielles d'existence, son style de vie, les rapports interpersonnels et sociaux dans lesquels il s'insère, etc., sont largement susceptibles de produire des effets notables non seulement sur le plan psychologique mais aussi sur les plans tant hormonal, nerveux qu'organique. C'est pourquoi la recherche de déterminismes biologiques spécifiques aux divers comportements sociaux et sexuels risque, au mieux, de prendre les résultats des conduites humaines pour leurs causes. Lorsque certains chercheurs prétendent avoir trouvé des différences

35

constitutives entre "homosexuels/les" et "hétéro-sexuels/les", que ce soit dans leur composition sanguine ou leur façon de dormir, je leur suggère qu'un vécu aussi stigmatisé, discriminé et honni que l'homosex-ualité est vraisemblablement susceptible de créer quel-ques réactions, tant psychologiques que physiologiques, chez ceux qu'il concerne.

Il faut bien voir que l'adhésion à de quelconques dé-terminismes *innés* permet de perpétuer les stéréotypes socio-culturels les plus conformistes (tel que: les hom-mes sont plus actifs que les femmes, les hétérosexuels plus normaux que les homosexuels, etc.), voire de les renforcer en leur donnant des assises soi-disant scienti-fiques.

Lorsque les conditions historiques, politiques et cul-turelles qui ont déterminé les rapports sociaux entre les individus et qui ont, jusqu'à un certain point, inscrit dans leurs organismes mêmes leurs modes de vie sont mis en évidence, un tableau bien différent se dessine. Et loin de reproduire le conformisme social, un tel tableau le questionne profondément.

5

Transformations dans la culture occidentale

Une fois reconnu le rôle joué par la culture dans le développement de la sexualité humaine, il s'avère éclairant de retracer brièvement l'évolution des concepts et des moeurs à l'intérieur de la civilisation occidentale, dont nous sommes culturellement les héritiers.

Il faudrait faire preuve d'un ethnocentrisme aveugle pour croire que nos conceptions de la sexualité, du plaisir ou même de l'amour sont universelles. Non seulement nos attitudes et nos comportements en ce domaine nous sont particuliers (ce que nous avons tendance à oublier, compte tenu de l'impérialisme idéologique de la culture occidentale), mais encore sont-ils le fruit de transformations précises survenues à travers les siècles au sein de notre culture. Remonter aux origines mêmes de la culture à laquelle nous appartenons permettra d'en comprendre quelque peu l'évolution en matière de sexualité.

Suivant en cela les conclusions de beaucoup d'historiens, nous situerons les racines de la culture occidentale dans l'Antiquité grecque. Quelques remarques s'imposent cependant à ce propos. Soulignons d'abord que la civilisation grecque représentait elle-même le produit de plusieurs millénaires de transformations culturelles. La famille et le patriarcat, par exemple, constituent déjà des caractéristiques culturelles en place dans cette société qui préfigure la nôtre. Cependant, à l'intérieur des opportunités que permettent ces orientations culturelles précises, une normativité sexuelle relativement différente de la nôtre prévaut. Bien sûr, les sociétés antiques, comme toute autre société, furent traversées par des idéologies et par des philosophies diverses, parfois contradictoires; aussi, tenter d'en restituer les traits dominants en quelques lignes demeure une tâche insatisfaisante, quoique justifiée par la nécessité de notre démarche.

Sans doute, est-il difficile de comprendre aujourd'hui dans toute sa complexité l'hédonisme des anciens grecs. Nos psychologues modernes diraient probablement d'eux qu'ils étaient conduits par le "principe du plaisir". En effet, pour les anciens grecs, la réalisation de soi, y compris au plan amoureux et sexuel, apparaît presque comme un devoir moral et ne subit en général que peu de restrictions[14]. La sexualité est largement conçue comme une dimension naturelle et saine de la vie. Par ailleurs, un sens de l'éthique relativement développé préside aux échanges amoureux ou sexuels entre partenaires, qu'il s'agisse d'un homme et de son épouse,

---

(14) Ces exceptions seront, par exemple: la prostitution de citoyens libres, l'assaut sexuel et les relations amoureuses entre esclaves et citoyens libres.

de deux soldats, de deux amantes, ou encore d'une relation pédératisque entre un jeune et un aîné. Nulle connotation péjorative n'est généralement accolée à ces différentes manifestations amoureuses dans la mesure où l'intégrité morale et physique de chacun s'y trouve respectée. Le culte de la Beauté entretenu par la civilisation grecque de l'époque permet en effet à chacun d'en explorer librement les manifestations (physiques y comprises), d'où une reconnaissance implicite de la diversité des attirances amoureuses et des comportements sexuels.

Au principe du plaisir et à l'éthique morale caractéristiques des anciens grecs, la civilisation romaine va progressivement substituer le principe de domination et amorcer consécutivement une dégradation du sens de l'éthique. Les impératifs d'une société qui aspire à la domination du monde requièrent la mobilisation consécutive de ses citoyens. Le sens du devoir leur commande non pas la réalisation de soi, idéal sans cesse repoussé à plus tard, mais plutôt l'abnégation de soi. Ceci a deux conséquences, en apparence paradoxales, mais qui se rejoignent en fait fort bien: d'un côté le principe culturel de domination mène au développement de relations inter-personnelles (y compris amoureuses et sexuelles) de type dominant-dominé, parfois à connotations sado-masochistes; d'un autre côté la valorisation de l'abnégation de soi conduit à ériger une morale officielle assez stricte, ce qui vient renforcer le caractère incontrôlé, voire violent, attribué à la sexualité, tout en entretenant une certaine frustration chez les individus. En outre, il semble que les valeurs romaines en ce qui concerne les comportements sexuels s'édifièrent surtout autour des

40

notions d'ACTIF (dominant) et de PASSIF (dominé), quelles que soient les pratiques adoptées: ainsi s'il est acceptable qu'un homme joue un rôle "actif" dans sa relation sexuelle avec un autre homme, il est inconvenant qu'un individu masculin joue un rôle culturellement considéré "passif" (en l'occurence le cunnilungus) dans sa relation avec une femme. Dans une société où la suprématie, voire l'agressivité politiques revêtent une grande importance, on comprend que tout signe de "soumission" ou de "faiblesse" apparente chez un citoyen (fut-elle psychologique ou physique) soit jugé amoral. Bref, ce qui importe pour les romains ce sont beaucoup moins les partenaires choisis que le type de pratiques sexuelles auxquelles on s'adonne avec eux/elles.

Bien que cela puisse surprendre à première vue, il est frappant de voir combien la religion judéo-chrétienne, dont l'expansion correspond au déclin de l'empire romain, y trouve en fait les assises nécessaires à son développement. L'abnégation de soi correspondait au devoir civil en cas de défense de la patrie: l'ascétisme deviendra un devoir religieux. Il en ira de même pour l'impérialisme qui, du champ politique, gagnera le champ religieux (le second masquant d'ailleurs souvent le premier). Le sadomasochiste même se trouvera exploité à des fins religieuses, avec l'accent mis tantôt sur l'un (sadisme des inquisiteurs du Moyen-Âge et de la Renaissance par exemple) tantôt sur l'autre (rites d'auto-flagellation et de mortification physique, assez courants du Moyen-Âge jusqu'à nos jours).

Graduellement, l'incapacité religieuse et politique de rationaliser les comportements sexuels en-dehors des nécessités de la procréation conduira à un rejet de ces comportements comme amoraux, impies et criminels. Au XIIIe siècle, saint-Thomas d'Aquin cristallisera cette évolution avec son concept d'acte contre-nature. Cet événement s'avère d'autant plus significatif qu'à cette époque les lois théologiques sont largement utilisées à l'intérieur des lois civiles. Règle générale donc, frustration, sublimation et répression de la sexualité s'instaurent insidieusement à travers les discours religieux puis juridiques.

Pourtant, objectera-t-on, le Moyen-Âge et la Renaissance ne sont-ils pas reconnus pour leur liberté sexuelle relative, en dépit des normes religieuses en vigueur? Contrairement aux civilisations grecque et romaine, qui présentaient une certaine unité, les sociétés occidentales, du début Moyen-Âge à la Renaissance, sont des sociétés plutôt rurales, faiblement centralisées et politiquement éclatées. D'où une certaine absence d'homogénéité dans les attitudes et les comportements liés à la sexualité. L'historien Jos Van Ussel décrit la situation de la façon suivante:

"À côté du système chrétien officiel et théorique existait un système de valeurs informel, contenant des normes non chrétiennes. Ce système informel comprenait divers sous-systèmes, par exemple, celui ne valant que pour la noblesse, la bourgeoisie, les paysans, les artisans, etc... Chacun de ces sous-systèmes devait être de nouveau divisé en sous-sous-systèmes, l'un pour l'homme, l'autre pour la femme. (...) Remarquons qu'aucune classe ne contraignait une autre classe à son système; il fallait au contraire suivre le système de sa classe."[15].

Les pénitentiels religieux du Moyen-Âge permettent d'ailleurs de retracer cet usage du "deux poids, deux mesures" à l'intérieur même des peines imposées aux fidèles, selon leur faute mais aussi selon leur statut social.

Bref, si l'autorité de l'Église puis de l'État grandissant fait sentir tout son poids[16], il n'y a pas nécessairement adéquation entre la théorie religieuse et la pratique des moeurs. Loin de là. Cependant à mesure que la bourgeoisie gagnera en suprématie elle forcera les autres classes sociales à suivre son propre système moral. Ce processus commence dès le début du XVIe siècle et constitue un tournant décisif. En effet, l'expansion graduelle de la morale bourgeoise va correspondre à l'ascension de la classe bourgeoise elle-même et connaître son plein essor avec la révolution industrielle, qui consacrera les impératifs de la productivité, justifiant dans une certaine mesure une répression davantage systématisée de la sexualité.

N'existera bientôt de sexualité légitime que dans la reproduction de la force de travail (ou de la force de domination, en ce qui concerne la classe bourgeoise) et,

---

(15) *Histoire de la répression sexuelle*, éd. du Jour/Robert Laffont, Montréal et Paris, 1972 (p. 36).

(16) Par exemple, les exécutions pour crimes sexuels, tel la sodomie, furent courantes durant les trois siècles que dura l'Inquisition.

conséquemment, de la cellule familiale. La doctrine religieuse avait tenté depuis des siècles de faire régner l'ordre en matière de moralité sexuelle; désormais l'idéologie bourgeoise prend la relève. Ainsi, la vie sexuelle devra dorénavant se cantonner exclusivement dans le mariage[17] et la famille elle-même sera tenue de transmettre à ses membres les normes de la morale en vigueur. Le cycle de la reproduction sociale se cristallise peu à peu. Lorsque la discipline présentera des failles, interviendront bientôt, outre la traditionnelle morale religieuse, institutions et professions qui, au nom d'une compréhension non plus philosophique ou théologique mais "scientifique" des corps et des comportements, exerceront une autorité croissante sur ces derniers.

L'histoire plus récente nous est sans doute davantage familière. Le comportement sexuel des individus se trouve aujourd'hui disséqué, examiné, interprété, et même traité par une batterie de spécialistes de tout acabit. Paradoxe saisissant de notre société répressive: la sexualité n'y a peut-être jamais occupé tant de place. Non pas que l'oppression se soit magiquement relâchée, mais bien parce que le contrôle social passe maintenant par des avenues différentes: le langage, les médias d'information, la "science", les professionnels du comportement humain avec leur psychologisation, quand ce

---

(17) Il est intéressant de constater combien le concept même d'amour romantique, né vers le XIIe siècle et prenant pour archétype des amours illicites ou adultères, ait été transformé au cours du XVIIIe siècle en synonyme de mariage. On lira à ce sujet Denis de Rougemont, *L'Amour et l'Occident*, éd. 10/18, 1972.

n'est pas leur médicalisation, des conduites sociales, en sont quelques-unes. Bref, depuis environ deux cents ans la situation n'a pas changé de façon significative et, si les instruments d'hégémonie culturelle, de domination idéologique ou de contrôle social se sont transformés avec l'évolution de la société, les valeurs dominantes en matière de sexualité ont conservé une stabilité assez remarquable.

Le travail accompli au cours de ces récents siècles afin de discipliner la sexualité n'aura pas été vain: d'une part les notions d'anomalie, de pathologie et de perversion se sont maintenant répandues (je parle évidemment ici non pas des comportements en soi mais bien du fait de les désigner très spécifiquement, de les nommer), d'autre part elles servent désormais à particulariser et à étiqueter les individus (et non plus seulement leurs actes, comme c'était généralement le cas auparavant). On voit donc comment, de la Grèce ancienne à nos jours, l'accent est passé de la finalité de l'acte sexuel, c'est-à-dire avoir ou donner du plaisir, à cet acte en lui-même qui, finalement, servira à caractériser celui/celle-là même qui le pose. Homosexuel/le, fétichiste, hétérosexuel/le, exhibitionniste, pédophile, etc., chacun/e se trouvera désormais rigoureusement classifié/e selon ses goûts et ses comportements. Cette catégorisation est d'ailleurs à ce point intériorisée que l'honnête citoyen/ne sait aujourd'hui lui/elle-même diagnostiquer son "état" et occuper la place qui lui est consécutivement assignée.

6

Les développements de l'érotisation

Sans doute faudra-t-il encore beaucoup d'évidences pour que nos contemporains cessent de voir en leurs orientations et préférences sexuelles les réminescences de leurs traumatismes d'enfant. L'ensemble des données disponibles[18] nous permet, en effet, de constater combien le comportement sexuel est, à l'intérieur de notre culture, beaucoup plus labile que stable. Aussi, plutôt que de nous acharner à expliquer le développement d'une orientation sexuelle pétrifiée à jamais dès notre plus jeune âge, devrions-nous tenter de comprendre le changement qui caractérise, en grande partie, l'évolution constante de nos phantasmes, de nos désirs et de nos pratiques. Il est curieux de voir une société où l'évolution psychologique et intellectuelle se trouve largement reconnue et valorisée, rapetisser l'évolution affective et sexuelle de ses membres au seul stade de l'enfance, tout au plus de l'adolescence. Non seulement rien ne

---

(18) Notamment les enquêtes d'envergure faites par Alfred Kinsey et son équipe et, plus près de nous, celles réalisées par Shere Hite.

nous oblige à accepter ce postulat de la théorie freudienne, mais l'observation empirique la plus élémentaire devrait nous amener à en reconnaître aujourd'hui les profondes limites.

Plutôt que d'expliquer uniquement la stabilité, toute hypothèse théorique fonctionnelle devrait nous permettre de comprendre aussi la pluralité et le mouvement inhérents à la sexualité humaine. Tel a été le questionnement à l'origine des observations qui font l'objet de ce chapitre.

LA SEXUALITÉ STRATÉGIQUE

Contrairement à certains dogmes scientifiques persistants je prétends qu'il n'existe pas de mécanismes universels et trans-culturels d'érotisation. Au contraire, la façon dont naît et avec laquelle se développe le désir sexuel est intensément liée à l'environnement culturel dans lequel baignent littéralement les individus. Plus encore, il existe vraisemblablement une multitude de façons d'érotiser soit des caractéristiques physiques ou psychologiques, soit des partenaires. Ceci s'explique non seulement à cause des différences entre les cultures humaines, mais aussi en raison des différences inhérentes au vécu de chaque individu. En dépit des modèles dominants d'érotisation, diverses façons d'érotiser diverses caractéristiques chez des êtres divers sont susceptibles de se développer. L'érotisation constitue donc, en quelque sorte, un point de rencontre entre les modèles érotiques proposés socialement et l'expérience individuelle dans ce qu'elle comporte de contraintes et de rationalités limitées[19] mais aussi d'opportunités.

Chez la majorité des gens, l'excitation sexuelle requiert la présence de certains stimuli. Ces stimuli sont constitués par certains contextes à l'intérieur desquels des circonstances, des personnes et des activités se trouvent combinées pour produire, chez un individu donné, une situation sexuellement excitante. Comment expliquer que ce qui est "sexuel" et "excitant" pour un individu ne le soit pas nécessairement pour un autre? En dépit de l'influence de la culture environnante, la signification accordée aux situations par chacun et chacune d'entre nous diffère. Cela se justifie d'une part parce que chacun intériorise différemment sa culture, au cours d'expériences de vie qui conservent toujours une certaine dissemblance avec celles d'autrui, d'autre part parce que nos activités sexuelles trouvent généralement leur signification à l'intérieur de "stratégies" visant à atteindre des résultats qui débordent du cadre strictement sexuel.

Traditionnellement les théoriciens de la sexualité humaine ont mis l'accent sur les présumées causes intrinsèques des comportements affectifs et sexuels. Semblable approche occulte une dimension essentielle du comportement humain, soit les résultats qu'il poursuit.

---

(19) La rationalité individuelle est toujours composée de "social déposé", c'est-à-dire de culture intériorisée.

Dès lors que, cessant de considérer toutes conduites humaines comme l'aboutissement de quelques forces intrapsychiques ou physiologiques inéluctables, nous sommes disposés à concevoir les mêmes comportements comme étant orientés vers des résultats concrets pour les personnes qui les posent, nous en arrivons à une analyse bien différente. Les comportements humains, y compris les comportements sexuels, n'apparaissent alors plus comme les conséquences ultimes de LA biologie ou de LA psychologie humaines, mais plutôt comme des stratégies (ou éléments de stratégies) d'acteurs sociaux désirant atteindre par ces comportements certains résultats[20]. La poursuite des résultats escomptés représente donc le moteur de l'action. Ceci, d'autant plus que les gains résultant ou pouvant résulter des conduites sexuelles débordent généralement le cadre de la seule satisfaction sexuelle pour inclure, selon le cas, la valorisation personnelle, la sécurité affective, la reconnaissance de la part du partenaire, le gain matériel, le maintien de son image sociale, etc.

Penser la sexualité dans sa dimension stratégique ne signifie pas, loin de là, que tout comportement soit possible pour toute personne en raison des finalités qu'elle vise. Outre les balises fixées par son environnement culturel, l'individu se voit limité, de lui-même si j'ose dire,

---

(20) Une telle approche, appelée "analyse stratégique", a été notamment développée par les sociologues Michel Crozier et Erhardt Friedberg, de même que par Erving Goffman. Certains travaux de John Gagnon et William Simon s'apparentent, en partie, à une telle approche, à travers par exemple leur notion de "script" ou scénario de comportement.

dans l'élaboration de ses conduites sexuelles. Ces limitations proviennent de la liberté d'action qu'il perçoit être la sienne (c'est-à-dire les opportunités qu'il identifie et les risques qu'il peut prendre) et de la rationalité qu'il peut utiliser (c'est-à-dire sa compréhension de la "réalité" et sa façon d'y intégrer son vécu).

Appliquer une telle vision à l'analyse du vécu sexuel humain ouvre de vastes perspectives. À l'opposé des représentations stagnantes de la sexualité, pareille logique permet de saisir la diversité et le mouvement propres au vécu sexuel. Elle dispense aussi de toute référence à une norme arbitrairement définie. Il n'existe plus de "développement normal" d'un côté et de "développements déviants" de l'autre, tel que l'orthodoxie scientifique l'a toujours enseigné avec force. Se profilent plutôt des comportements différents compte tenu de mobiles, de circonstances, de connaissances, de conséquences anticipées, bref de rationnels aussi diversifiés que peuvent l'être la conscience et l'expérience humaines à l'intérieur d'une culture déterminée.

DES COMPOSANTES EN INTERACTION

Comme je l'ai souligné au cours des chapitres précédents, la sexualité humaine ne peut se comprendre que resituée dans le contexte historique, culturel et social où elle se manifeste. Par delà ses comportements mêmes, la conscience et la rationalisation que l'humain a développées à l'égard de sa sexualité reflètent essentiellement sa socialisation, c'est-à-dire sa condition d'être SOCIAL vivant à un endroit précis et à un moment précis. Conséquemment, l'orientation sexuelle des individus ne saurait être considérée comme immanente à quelques déterminismes linéaires que ce soit: tel que nous le verrons, les orientations et les préférences sexuelles dépendent de plusieurs mécanismes d'érotisation, qui sont eux-mêmes influencés par l'interaction de diverses composantes de la personnalité. Ces mécanismes d'érotisation de même que ces composantes de personnalité sont non seulement dissemblables selon les individus mais encore ils s'avèrent souvent labiles (c'est-à-dire sujets à des changements plus ou moins continus) chez un même individu.

La présente portion de ce chapitre, "Des composantes en interaction", portera sur la clarification de ce que j'entends par composantes de personnalité susceptibles d'affecter orientations et préférences sexuelles. Cela me permettra d'élaborer ensuite plus spécifiquement sur les mécanismes d'érotisation qui constituent, littéralement, l'orientation sexuelle dans son sens le plus large.

Le sexe anatomique

Le sexe anatomique peut être considéré comme une composante culturellement très significative de notre personnalité. Non pas parce que les différences morphologiques et physiologiques réelles entre les femmes et les hommes soient des critères déterminants de leur comportement sexuel ou social (je pense plutôt le contraire), mais parce que ces différences ont été socialement à ce point amplifiées, voire exarcerbées, qu'elles ont donné corps à des stéréotypes rigides auxquels les individus sont fortement incités à adhérer dès leur plus jeune âge. C'est l'intériorisation des stéréotypes culturels masculins et féminins qui façonne les différences comportementales attribuées à chacun des deux sexes: en vertu des thèses avancées précédemment en ce qui concerne l'indépendance humaine par rapport aux contrôles strictement hormonaux, nous devons reconnaître que le sexe anatomique ne dispose à aucun comportement "instinctuel" ou "inné". Au contraire, des données de plus en plus nombreuses[21] tendent à démontrer deux choses. D'une part qu'il n'existe pas de corrélation significative entre les différences hormonales, anatomiques ou chromosomiques entre hommes et femmes et leurs différences de personnalité. D'autre part, que ces dernières différences paraissent bien davantage liées à l'organisation sociale, économique et politique particulière à chaque culture humaine. La "nature féminine" et la "nature masculine" sont des réalités socialement construites et reproduites. Ces remarques nous amènent d'ailleurs à souligner l'importance de deux autres composantes: l'image sociale et son corollaire, l'image de soi.

---

(21) On consultera notamment à ce sujet *The Psychology of Sex Differences,* de H. Lips et N.L. Colwill, Prentice-Hall, 1978.

L'image sociale

Il sera plus aisé de comprendre ce que j'entends par image sociale si on tente de répondre à la question suivante: comment l'individu est-il perçu par son environnement culturel? Autrement dit: répond-il aux expectatives de son entourage? Dans quelle mesure? Quels messages d'appréciation ou de dépréciation lui sont transmis?

Cette édification de l'image sociale accolée aux individus se fait à partir des stéréotypes culturels en vigueur, notamment en ce qui concerne les stéréotypes féminins et masculins (apparence physique, traits de personnalité, goûts, intérêts, aspirations, comportements, etc.) ainsi que les systèmes de valeurs dominantes (ce qui est bien versus ce qui est mal, ce qui est adéquat ou inadéquat, toléré ou intolérable, etc.). L'image sociale s'avère d'autant plus significative que, vivant en société, nous sommes tous plus ou moins sensibles au jugement d'autrui. Ceci demeure encore plus vrai pour les enfants et les adolescents, pour qui l'approbation des pairs, des parents ou de leurs substituts est souvent liée au bien-être immédiat.

Les pressions à la conformité et à l'étiquetage de la part de l'environnement social ont un pouvoir considérable non seulement sur nos attitudes et comportements, mais aussi sur la façon dont nous nous percevons nous-mêmes. Illustration éloquente: le cas de ces nouveaux-nés qui, suite à une erreur chirurgicale ou à une ambiguïté au moment d'identifier leur sexe anatomique, furent, selon le cas, "transexualisés" ou "sexualisés" médicalement et dont le développement ultérieur (y compris l'image de soi) s'avéra en tout point conforme au sexe socialement attribué [22]. S'il s'agit là, bien sûr, de cas-limites, il ne devrait toutefois faire nul doute que le pouvoir de conditionnement des messages reçus par le milieu dans lequel les êtres humains évoluent influence considérablement leur développement personnel et, plus encore, l'idée qu'ils se forgent d'eux-mêmes.

L'image de soi

Ce que j'appelle l'image de soi s'élabore à partir de la perception que la personne développe d'elle-même. Comme la conscience humaine est largement façonnée par l'expérience sociale, il est certain que l'image sociale joue un rôle significatif dans l'édification de cette image de soi. Non pas qu'il y ait nécessairement correspondance entre les deux, mais parce que l'humain socialisé n'est jamais complètement insensible aux messages de son environnement, quelles que soient les réactions qu'ils suscitent chez lui. Ainsi un individu dont l'image sociale ne correspond pas à l'image qu'il voudrait lui-même projeter peut développer, en réac-

---

(22) Un tel cas est rapporté par J. Money et A. Ehrhardt dans *Man and Woman, Boy and Girl,* Baltimore, John Hopkins University Press, 1972.

tion, une image de soi qui lui est opposée (par exemple: "Je suis fort/e même si les autres me pensent faible"). Vice versa, une image sociale très dévalorisante ou très stéréotypée peut confiner l'individu à développer une image de soi qui corresponde aux expectatives de son entourage (par exemple: "Si on me dit incapable c'est que je dois l'être"). Bref, non seulement image de soi et image sociale s'inter-influencent de façon continue, mais encore sont-elles susceptibles d'évoluer constamment tout au long de l'existence de l'individu.

Une dernière remarque à ce sujet paraît nécessaire. Une certaine littérature a utilisé abondamment les concepts d'identité de genre (*"gender identity"*) et de rôle socio-sexuel (*"social sex role"* ou *"sex role"*). Bien qu'ils puissent sembler s'apparenter aux concepts d'image de soi et d'image sociale que j'utilise, il n'en est rien. En effet, les concepts d'identité de genre et de rôle socio-sexuels réfèrent uniquement à des stéréotypes culturels: ils ne correspondent conséquemment à aucune donnée fondée objectivement. De plus, ces concepts prennent pour acquis que les caractéristiques culturellement identifiées comme masculines ou comme féminines constituent des pôles opposés, alors qu'on reconnaît largement aujourd'hui qu'elles représentent davantage des continuums susceptibles de se superposer[23]. La majorité des gens possèdent vraisemblablement à la fois des traits de personnalité dits masculins et dits fémi-

---

(23) On lira à ce sujet les études de S. L. Bem (voir en bibliographie) de même que l'article de M. Rebecca et autres, "A Model of Sex-Role Transcendence".

nins. L'élaboration des notions de "masculin" et de "féminin" constitue, en fait, un processus arbitraire et strictement culturel; à plus forte raison, l'établissement d'une dichotomie entre les deux repose sur une décision purement idéologique. Seules l'adhésion aux stéréotypes sociaux les plus conservateurs ou leur intériorisation permettent de perpétuer l'idée qu'il existe quelque chose comme le "masculin" d'un côté et le "féminin" de l'autre, que les deux sont nécessairement complémentaires et opposés, que nous sommes tenus de nous identifier globalement soit à l'un, soit à l'autre, et ce en conformité avec notre sexe anatomique. Plutôt que de perpétuer des principes que je rejette, je préfère pour ma part utiliser le concept *d'identité humaine,* identité susceptible d'inclure une pluralité de caractéristiques propres à l'espèce humaine comprenant hommes, femmes et enfants. Les dichotomies de type masculin-féminin, actif-passif, etc., et les stéréotypes sociaux qui les entretiennent artificiellement n'ont pas à être confondus avec quelque soi-disante "nature humaine", dont on a assez souligné les bases tout à fait culturelles.

Quant au transsexualisme, qui provient de la conviction qu'il y a chez un individu disjonction entre son sexe anatomique et son image de soi, je partage là-dessus l'opinion élaborée par Janice Raymond dans son livre *L'empire transsexuel* [24]. Le transsexualisme m'apparaît en effet comme l'aboutissement extrême mais logique du sexisme et de l'hétérosexisme culturels.

---

(24) *L'empire transsexuel,* éd. du Seuil, Paris, 1981.

Lorsque les "identités" hommes/femmes sont présentées comme étant opposées l'une par rapport à l'autre, que les stéréotypes masculins et féminins sont constamment proposés comme modèles de référence, que l'orientation homosexuelle n'est que peu ou pas reconnue pour viable et légitime, il ne faut pas se surprendre de voir que ceux et celles dont les aspirations ne concordent pas avec les attitudes socialement attribuées à leur sexe anatomique en viennent à croire qu'ils/elles sont des erreurs de la nature. Comme il se trouve de bons médecins-charcuteurs disposés à prêter leur talent à la "correction" qui s'impose alors, tout peut cependant rentrer dans l'ordre. Curieusement, dans les cultures qui tolèrent ou acceptent que les caractéristiques identifiées comme masculines et celles identifiées comme féminines puissent se retrouver chez la même personne (par exemple les berdaches amérindiens), on ne se soucie guère de conformer, coûte que coûte, le corps de l'individu avec les seuls usages qui lui soient culturellement permis.

L'orientation affective

Les objets d'admiration, d'affection, d'amour (dans le sens le plus large du terme) privilégiés par un individu indiquent son orientation affective. Dans la constante recherche de satisfaction de ses besoins affectifs et sociaux, l'être humain développe certaines formes d'affinités, de sympathies, d'attachements ou de solidarités avec ses semblables. Cette capacité de s'engager émotivement avec autrui peut revêtir plusieurs formes et se trouver rationalisée sous de multiples appellations: fraternité, camaraderie, amitié, amour, etc.

Beaucoup de gens ont tendance à confondre orientation affective et orientation sexuelle. L'orientation affective diffère de l'orientation sexuelle en ce que la première comporte ce qui est valorisé au niveau affectif uniquement, alors que la seconde correspond à ce qui est valorisé au niveau sexuel ou, plus précisément encore, à ce qui est *érotisé* par la personne. Les orientations affectives et sexuelles, c'est-à-dire les types de partenaires qui sont objets d'affection d'une part et les types de partenaires qui sont objets d'érotisation d'autre part, ne correspondent pas nécessairement ensemble. Au contraire, il existe souvent une réelle coupure entre les deux. Par exemple, de nombreux hommes hétérosexuels socialisent très préférablement avec d'autres hommes (qu'on pense aux tavernes, aux sports non-mixtes, etc.). Certains hommes peuvent même faire preuve d'une misogynie certaine, tout en érotisant par ailleurs uniquement des partenaires sexuelles féminines. Un type de comportement que nous dirions homo-social ou homo-affectif n'est pas exceptionnel à l'intérieur de notre culture où partenaires affectifs et partenaires sexuels ne sont pas forcément synonymes.

En fait, la culture occidentale a tellement scindé le corps et l'esprit, puis conditionné en conséquence nos comportements, qu'amour spirituel et amour physique en viennent à être perçus, sinon vécus, comme dichotomiques. Ainsi, l'amitié qui prend une tournure amoureuse se trouvera rapidement étiquetée comme dégradation, voire perversion (surtout si elle implique des personnes d'un même sexe) et l'amour-passion qui évolue en amitié représentera, pour beaucoup de gens, une cassure, une perte, une fin.

Comme nous le verrons cependant, l'affectif et le sexuel sont aussi susceptibles d'inter-relations à travers certains mécanismes régissant le développement de l'orientation sexuelle des individus.

MÉCANISMES D'ÉROTISATION

Tel qu'il a été précédemment mentionné, l'orientation sexuelle[25] réfère uniquement aux objets d'érotisation propres à un individu. En d'autres termes, quelles sont les caractéristiques psychologiques ou physiques et les personnes qu'il a érotisées?

À partir du polymorphisme sexuel des nouveaux-nés, l'être humain apprend graduellement à sélectionner les stimuli sexuels auxquels il répondra. Suite aux pressions de son environnement, il élimine généralement d'abord de son éventail les objets inanimés (par exemple ses jouets) et les autres espèces (par exemple son chien ou son chat) pour ne retenir que des caractéristiques proprement humaines (par exemple: douceur

---

(25) J'utiliserai ici ce terme dans son sens le plus large, c'est-à-dire en y incluant les choix de partenaires selon leur sexe, leur âge, leurs caractéristiques physiques et psychologiques, leur statut, etc. La notion de "préférences sexuelles" s'y trouvera donc contenue.

de la peau, son d'une voix, etc.). Au cours de l'enfance, de l'adolescence et aussi de l'âge adulte, la personne développera un certain degré de directionnalité dans son attraction sexuelle, privilégiant ainsi certaines caractéristiques physiques et psychologiques plutôt que d'autres, favorisant consécutivement certains partenaires plutôt que d'autres.

Mais comment se développent ces mécanismes d'érotisation? Voilà peut-être la question centrale de notre propos; elle requiert une réponse complexe.

La résistance et la complémentarité

Le premier principe sur lequel il importe de nous arrêter est celui de RÉSISTANCE. Tel que je l'ai souligné au cours d'un bref historique des attitudes occidentales à l'égard de la sexualité, notre culture a élaboré au cours des siècles une conception assez particulière des relations amoureuses et sexuelles. Dégradation du sens de plaisir et de l'éthique hérités des Grecs, émergence des principes de dominant-dominé chez les Romains, renforcement de la répression et de la frustration grâce à l'expansion du christianisme (qui tient lui-même son puritanisme de ses racines judaïques) et parachèvement du tableau à travers l'impérialisme idéologique bourgeois qui reprend à son compte les rationalisations religieuses en les légitimant au nom de l'ordre (qu'il soit moral, social ou politique) et de la science. Notre sexualité se retrouve conséquemment entachée d'une connotation illicite dont elle ne se débarrasse pas aisément. Nos archétypes mêmes d'amour romantique ou de passion physique (par exemple, Tristan et Iseult, Roméo et Juliette, etc.) sont le reflet de notre conception du désir (frustré, sublimé, inassouvi) et de l'amour (passionnel, malheureux, impossible).

La nécessité d'une résistance, d'un obstacle à franchir, semble inhérente à l'érotisme occidental. Cette résistance à vaincre serait précisément la pierre angulaire du phénomène d'érotisation[26]. La motivation à la dépasser provient évidemment du gain positif qui est alors anticipé: par exemple, le plaisir qui en résultera.

La résistance susceptible de créer un obstacle ou une tension à surmonter afin d'accéder au partenaire désiré peut revêtir plusieurs formes: séparation de sexes, d'âges, de statuts ou de classes sociales, éloignement physique, réticence du partenaire convoité, désapprobation sociale, etc., qu'elles soient réelles, symboliques ou imaginaires, ne constituent que quelques exemples de barrières pouvant déclencher ou encourager le désir puis l'érotisation d'un partenaire. Les conceptions négatives qu'a entretenues notre culture à l'égard de la sexualité peuvent aussi être considérées comme autant de résistances en elle-mêmes.

Le second principe sur lequel il convient d'insister

---

(26) On lira des remarques intéressantes à cet effet dans *The Homosexual Matrix,* de C. A. Tripp, McGraw-Hill, 1976, et *Le choc amoureux,* de F. Alberoni, éd. Ramsay, 1980.

est celui de COMPLÉMENTARITÉ. Entendons-nous bien cependant: il ne s'agit nullement là de la notion simpliste de complémentarité masculinité-féminité. Bien que socialement extrêmement valorisée et véhiculée cette seule conception de la complémentarité humaine ne correspond guère au vécu, immensément plus riche et plus complexe, de la majorité des individus.

Si nos contemporains recherchent chez leurs partenaires amoureux et sexuels la COMPLÉMENTARITÉ, c'est qu'ils aspirent à combler par la fusion physique (et, de façon plus générale, par la fusion amoureuse) les "déficits" ou les "manques" qu'ils ressentent en termes d'image sociale ou d'image de soi. Peu importe, à vrai dire, que ces "manques" à combler soient réels ou imaginés, et qu'ils représentent des caractéristiques que possède ou pas l'individu qui les recherche: ces qualités, physiques ou psychologiques, recherchées doivent simplement avoir été valorisées, désirées plus érotisées.

Ainsi, il est possible qu'un homme possédant une image très "masculine" érotise certaines caractéristiques correspondant à des hommes tout aussi "masculins" que lui. Une femme dont l'image sociale et l'image de soi sont typiquement "féminines" est, de la même façon, susceptible d'érotiser des femmes répondant à des caractéristiques qu'elle se reconnaît elle-même. À l'inverse, une personne ne peut érotiser uniquement que des caractéristiques qu'elle ne possède pas elle-même, à la condition qu'elle les retrouve chez des individus de l'autre sexe. Il est aussi possible que, tout en étant de même sexe, des partenaires possèdent des caractéristiques psychologiques ou physiques tout à fait différentes. De la même façon, il arrive que deux individus de sexes différents se ressemblent à plusieurs égards. Bref, toute complémentarité apparaît possible et légitime dans la mesure où les besoins humains sont dissemblables et qu'ils varient non seulement entre les individus mais encore chez une même personne selon qu'on la situe à un moment de son évolution ou à un autre.

Si les principes de complémentarité et de résistance constituent, en quelque sorte, les préalables au développement de l'attraction sexuelle chez nos contemporains, il n'en existe pas moins plusieurs mécanismes d'érotisation de même que plusieurs facteurs de stabilisation et de changement susceptibles de les affecter.

À partir du moment où, rationalisations religieuses ou culturelles mises de côté, nous constatons que l'exercice de la sexualité humaine repose essentiellement sur le fait qu'elle est agréable, il nous faut envisager la multiplicité des éventualités pouvant révéler ou procurer ce plaisir. Les hypothèses de développement qui suivent ne sont *ni exclusives* les unes par rapport aux autres, *ni exhaustives*: elles constituent plutôt un effort de synthèse des données fournies par mon expérience professionnelle et par mon travail de recherche en ce domaine. J'aborderai donc successivement l'érotisation par admiration-idéalisation, l'érotisation par association d'images, l'érotisation par conditionnement par expérimentation, l'érotisation par conditionnement idéologique, enfin l'érotisation par dépassement de l'interdit. En ce qui concerne les facteurs susceptibles de stabiliser ou de modifier les attitudes et les comportements issus de cette érotisation, il s'agira respectivement de la précédence, de la signifiance, de la pression à la conformité et des tabous sociaux d'une part et d'autre part de la découverte de rationalités ou d'opportunités nouvelles ainsi que de leur expérimentation.

L'érotisation par admiration-idéalisation

L'admiration intense de certaines caractéristiques possédées par une autre personne peut mener à l'érotisation de ces qualités et consécutivement de cette personne elle-même. Il est possible que ces attributs soient physiques, tel la force, la délicatesse corporelle, la beauté esthétique, etc., ou encore qu'ils soient psychologiques, tel la douceur, l'intrépidité, la compréhension, etc.

Dans la mesure où une personne, ou tout au moins certaines de ses caractéristiques, devient objet d'idéal, voire d'idéalisation, les principes de résistance et de complémentarité sont en mesure d'entrer en jeu dans un processus d'*érotisation par admiration-idéalisation*. La résistance alors à vaincre peut provenir du fait que le partenaire semble inaccessible compte tenu précisément de l'idéalisation dont il est l'objet: la "distance", réelle ou imaginée, à combler entre les deux protagonistes constitue le défi à relever. La complémentarité recherchée est, dans ce cas-ci, assez évidente: on veut se rapprocher de l'autre, afin de partager, voire de s'approprier des qualités convoitées (peu importe qu'on les détienne soi-même ou pas et que le partenaire éventuel soit d'un sexe ou de l'autre). On notera enfin que, dans ce processus, l'érotisation précède généralement l'accomplissement sexuel lui-même.

L'érotisation par association d'images

L'*association d'images* représente un processus différent: érotisation et accomplissement ont alors lieu simultanément. En effet, les premières expériences sexuelles ainsi que, dans une certaine mesure, les expériences ultérieures qui s'avéreront particulièrement satisfaisantes, peuvent donner lieu à des associations cognitives entre certains objets, certaines parties du corps, certains comportements ou certaines situations et ce qui est perçu par la personne comme étant "excitant", "érotique".

Pour certaines personnes les jeux sexuels de l'enfance peuvent ainsi conduire à érotiser certains/es partenaires plutôt que d'autres. Une couleur de cheveux, une texture de peau, une allure physique ou psychologique, rappelleront en effet ce qui était vécu comme sensation agréable. Il est aussi possible qu'un garçon, à partir de ses expériences de masturbation, associe organes génitaux mâles et plaisir sexuel ou encore qu'une fille, à partir d'une constatation similaire, juxtapose certaines caractéristiques physiques dites féminines à l'idée qu'elle se fait de l'érotisme. Dans ces deux situations, ces personnes pourront érotiser conséquemment des personnes du même sexe. Des jeux sexuels entre jeunes garçons et filles peuvent de la même façon susciter l'érotisation de personnes de l'autre sexe ou des deux. Ce ne sont là que des exemples parmi tant d'autres, puisque la variété possible des découvertes et des expériences sexuelles au cours de l'enfance, de l'adolescence et de l'âge adulte ainsi que la diversité d'interprétations auxquelles elles peuvent donner lieu sont quasi infinies.

Le fait d'érotiser davantage une caractéristique plutôt qu'une autre et que cet attribut se retrouve chez les membres d'un seul sexe ou des deux demeure tout à fait aléatoire; chaque être humain organise en effet les fruits de son expérience à partir d'un ensemble fort complexe de considérations personnelles, culturelles et sociales. Dans ce cas-ci, la complémentarité se trouvera liée de près à la notion de plaisir (c'est-à-dire ce qu'il est agréable de recevoir et de donner) et la résistance proviendra du fait que les conduites sexuelles issues de ces associations d'images sont plus ou moins défendues. On sait, de toute façon, que les comportements sexuels sont à ce point contrôlés ou prohibés dans notre culture que ce ne sont pas les résistances sociales à vaincre qui manquent. Les enfants et les adolescents ont, par exemple, peu ou pas accès à des pratiques sexuelles légitimes. Souvent, les associations d'images datant d'une époque de l'existence où la sexualité était illicite demeureront prégnantes la vie durant.

L'érotisation par conditionnement par expérimentation

Le *conditionnement par expérimentation* présente un développement d'une certaine façon inverse au processus d'admiration-idéalisation. Dans ce cas-ci, en effet, c'est la pratique sexuelle qui précède l'érotisation. À partir d'opportunités ou de circonstances fortuites, l'individu découvre que certaines pratiques et certains partenaires peuvent lui procurer un plaisir sexuel. Conséquemment, il cherche à reproduire ces situations sources de plaisir et érotise ainsi graduellement des caractéristiques ou des personnes qui initialement ne l'étaient peu ou pas. La découverte ou la révélation de sa sexualité étant fréquemment pour un individu une question de circonstances, le conditionnement par expérimentation joue probablement un rôle significatif pour plusieurs d'entre nous. Beaucoup de femmes ont ainsi témoigné n'avoir pris goût à des échanges sexuels avec leur époux que progressivement et n'avoir développé une motivation à cet égard qu'après avoir commencé leur vie sexuelle de couple. La complémentarité possible se trouve alors "cultivée", en quelque sorte, après coup. Quant à la résistance nécessaire, si elle n'existe pas déjà entre les deux partenaires, elle proviendra de la culture environnante (de l'antagonisme culturel entretenu entre les hommes et les femmes, à la prohibition des actes entre personnes du même sexe, ce ne sont assurément pas les résistances sociales potentielles qui manquent entre partenaires).

Ce processus de conditionnement par expérimentation explique aussi l'évolution que connaissent beaucoup de personnes dans leurs pratiques sexuelles. Souvent, à partir d'expériences sexuelles sommaires, l'individu apprend à adopter des pratiques et des techniques plus élaborées, à explorer aussi des dimensions qu'il ignorait ou qu'il mésestimait. Ces remarques peuvent probablement éclaircir la labilité relative de la sexualité individuelle.

L'érotisation par conditionnement idéologique

Sans doute le développement de l'*érotisation par conditionnement idéologique* est-il assez fréquent à l'intérieur de notre culture. Pour beaucoup de gens, en effet, non seulement le désir précède (et parfois de beaucoup) son actualisation, mais encore ce désir résulte d'un véritable processus d'autosuggestion. Comme je l'ai déjà souligné lors d'un chapitre précédent, l'apprentissage social joue chez l'être humain un rôle déterminant en ce qui concerne ses comportements sexuels. Aussi, l'une des multiples conséquences de la socialisation humaine est de conditionner l'individu à anticiper certaines expériences amoureuses ou sexuelles à partir des possibilités, des valeurs et des expectatives présentées par son milieu environnant. Ceci explique probablement en grande partie la prédominance de l'orientation hétérosexuelle exclusive au sein de notre culture, d'autant plus que l'homme et la femme y sont présentés comme des polarités opposées, ce qui incite à un choix de partenaire(s) clair et exclusif à ce niveau. L'individu apprend ainsi à "désirer" ainsi qu'à orienter ce désir en conformité avec les injonctions qu'il reçoit de son milieu. Sa faculté d'apprentissage par imitation se trouve donc, dans ce cas-ci, à l'origine du développement de son orientation sexuelle et des pratiques par lesquelles elle se manifestera. On notera combien l'image sociale tient une place importante à l'intérieur de ce processus, en conditionnant directement les expectatives et les expériences mêmes de l'individu. Aussi ce mécanisme, outre qu'il peut expliquer certains comportements majoritaires, peut tout aussi bien s'appliquer au développement de conduites dites minoritaires. Par exemple, le jeune étiqueté "homosexuel" du fait qu'il ne rencontre pas les stéréotypes populaires de "virilité" pourra éventuellement intégrer le message social reçu et orienter son comportement en conséquence. Enfin, il apparaît que les principes de complémentarité et de résistance entrent en jeu dans le processus que nous venons d'examiner en vertu de la capacité d'anticipation des individus.

L'érotisation par dépassement de l'interdit

L'exercice de la sexualité est soumis, dans notre culture, à un nombre tel d'interdictions, de restrictions et de contrôles qu'il revêt aisément un caractère illicite. Plusieurs pratiques, qu'il s'agisse de sexualité entre mineurs/es, entre majeurs/es et mineurs/es, entre personnes d'un même sexe, entre partenaires dont au moins l'un des deux est marié, de sexualité de groupe, de sado-masochisme, d'inceste, etc., sont à divers degrés socialement découragées et sont conséquemment susceptibles de voir accentuer, de ce fait, leur attrait. Il s'agit là d'un mécanisme de *dépassement de l'interdit.* Certaines personnes pourraient avoir tendance à considérer pareille forme d'érotisation comme "négative", sinon "perverse". Il n'en est rien. Au contraire, comme je l'ai précédemment souligné, le dépassement des résistances culturelles se trouve étroitement lié aux principes mêmes d'érotisation propres à notre culture. Tout simplement ce défi joue-t-il un rôle un peu plus central dans ce cas-ci.

Il serait aussi erroné de penser que seuls des comportements sexuels dits minoritaires ou marginaux sont issus d'un tel processus. Loin de là, puisque même les relations hétérosexuelles exclusives se trouvent socialement sujettes à de nombreuses restrictions (on doit être majeurs, célibataires, monogames, d'âge, de race et de classes sociales similaires, aptes à faite projet de vie commune, etc.) et peuvent consécutivement être perçues comme objets stimulants de défi ou d'interdit. Ceci s'avère particulièrement vrai chez les enfants et les adolescents, pour qui l'accès à toute vie sexuelle se trouve problématique compte tenu de la continence à laquelle, au moins en principe, ils sont généralement tenus. L'équation sexe = interdit = défi alors susceptible d'être réalisée peut demeurer, une fois adultes, le pivot de leurs mécanismes d'érotisation.

Les différents interdits culturels peuvent évidemment être perçus différemment d'un individu à un autre: soit qu'on les accepte, qu'on s'y résigne, qu'on y demeure insensible ou qu'on y voit des défis à surmonter. Quelles que soient les orientations sexuelles, les pratiques ou les situations qui les caractérisent, ces interdits peuvent cependant devenir objets de stimulation, d'érotisation.

Je viens de décrire brièvement cinq mécanismes d'érotisation relativement définis. Il serait tentant d'y voir des processus délimités et bien distincts les uns des autres. Répétons le: tel n'est cependant pas le cas. Non seulement plusieurs mécanismes peuvent entrer en jeu, concurremment ou successivement, dans le développement sexuel d'un individu, mais encore sont-ils sujets à des fluctuations quant à leurs influences sur la conduite d'une même personne. Plusieurs facteurs sont, en effet, susceptibles d'influencer, soit pour les stabiliser soit pour les modifier, les orientations et les pratiques sexuelles issues de ces mécanismes d'érotisation.

Voyons d'abord quelques facteurs de stabilisation. Il s'avère vraisemblable que la PRÉCÉDENCE, c'est-à-dire la tendance à reproduire la pratique sexuelle antérieure ou familière (surtout si elle a été satisfaisante), tende à stabiliser ladite pratique. De même, la SIGNIFIANCE, c'est-à-dire la signification profonde et l'intensité émotive attribuées aux comportements sexuels antérieurs ou actuels peut amener à une disqualification de nouveaux types de comportements possibles. La PRESSION À LA CONFORMITÉ de la part du milieu environnant peut aussi cristalliser une orientation dans le sens de l'image sociale désirée ou attribuée par le milieu (par exemple: un homme fait ceci et une femme cela; un "hétérosexuel" se conduit de telle façon, un "homosexuel" de telle autre, etc.). Enfin, les TABOUS

SOCIAUX, soutenus par l'ensemble des institutions sociales, ont tendance à fixer les comportements sexuels les plus conformistes et à désamorcer les changements ou les variations en cette matière.

Suite à leur étude du phénomène de la bisexualité, P.W. Blumstein et P.S. Schwartz [27] ont constaté que plusieurs personnes, qui semblaient pourtant sur la voie d'une orientation homosexuelle ou hétérosexuelle exclusive, ont ultérieurement effectué des changements majeurs dans leur choix de partenaire(s) sexuel(s). Plus encore, il ressort de leur recherche que les expériences d'enfance ou d'adolescence sont loin d'être déterminantes ou immuables. Pour un nombre appréciable de personnes, les expériences amoureuses et sexuelles qu'elles considèrent les plus significatives se sont produites à l'âge adulte. Certaines personnes en sont ainsi venues à adopter ou ajouter à leur pratique des comportements nouveaux, selon le cas homosexuels ou hétérosexuels. Ces conclusions confirment, en fait, le caractère labile de la sexualité humaine, phénomène qui a déjà été souligné lorsque nous avons précédemment abordé les notions d'instinct et d'apprentissage.

Les facteurs de changements susceptibles de modifier les processus d'érotisation déjà mis en place chez un individu semblent être la DÉCOUVERTE DE NOUVELLES RATIONALITÉS ou de NOUVELLES OPPORTUNITÉS ainsi que leur EXPÉRIMENTATION. Elles peuvent en effet ouvrir de nouvelles ave-

---

(27) "Bisexuality: Some Social Psychological Issues", Journal of Social Issues, vol. 33 no 2, 1977.

nues, parfois auparavant insoupçonnées, chez une personne et l'amener, dans certains cas, à requestionner en profondeur ses attitudes et ses comportements sexuels antérieurs. Par exemple, un contexte d'amitié intense entre deux personnes (qu'elles soient d'un même sexe ou de sexe différent, qu'elles se plaisent déjà physiquement ou pas) peut permettre des relations chaleureuses ou physiques aptes à évoluer en relations amoureuses et sexuelles par un phénomène d'érotisation par expérimentation, alors même qu'une telle éventualité n'avait antérieurement jamais été envisagée par l'un et l'autre des partenaires. De même, un contexte de permissivité sexuelle ou de libéralisme idéologique peut permettre l'expérimentation de nouvelles pratiques. Inversément, un contexte de privation d'opportunités ou de réclusion peut amener la personne à innover dans ses comportements affectifs et sexuels, que ce soit en développant de nouvelles pratiques ou en érotisant des partenaires inhabituels (qu'on pense, par exemple, aux relations homosexuelles sur les chantiers de travail éloignés où peu de femmes sont disponibles ou encore à la vie sexuelle des prisonniers/ères).

Il est aussi possible que de nouvelles expériences satisfassent une certaine curiosité, un désir d'assouvissement immédiat, de nouveauté, de changement ou de diversité (par exemple: découvrir de nouveaux partenaires, avoir des relations avec plus d'un partenaire, etc.). Des pratiques inaccoutumées visent parfois à procurer certains gains (économiques, matériels, sociaux) qui se situent tout à fait hors de la sexualité de l'individu. Pour bon nombre de personnes qui font de la prostitution ou qui sont utilisées à des fins pornographiques, des motivations "hors-sexualité" apparaissent souvent premières.

Des pratiques inédites peuvent aussi être le fruit d'un cheminement idéologique qui conduise la personne à adopter des comportements davantage en conformité avec ses valeurs et avec ses aspirations. À titre d'exemple, les remises en question effectuées par le mouvement féministe ont parfois permis à plusieurs femmes d'exprimer plus ouvertement entre elles l'affection et la solidarité: de profonds sentiments amoureux entre femmes peuvent ainsi se développer à travers la découverte de formes de complémentarité entre elles que la culture masculine leur a traditionnellement déniées.

Comme je l'ai déjà fait remarquer au début de ce chapitre, les avantages pouvant provenir des conduites sexuelles dépassent le plus souvent les limites de la satisfaction sexuelle en elle-même. C'est pourquoi j'affirme que la sexualité fait partie intégrante d'un ensemble de comportements *stratégiques*. En mentionnant, comme je viens de le faire, combien certains facteurs personnels et sociaux peuvent soit stabiliser soit modifier nos préférences ou nos pratiques sexuelles déjà acquises, je veux mettre en lumière la valeur adaptative des comportements humains. Circonstances, opportunités et rationalités amènent nécessairement toute personne à sélectionner ses comportements parmi tous ceux possibles. Ainsi, un individu "W" peut adopter un comportement "X" à un moment "Y" pour une raison "Z", alors que dans un contexte différent il aura une conduite tout autre. Bref, les actions humaines ont toujours une certaine valeur adaptative pour les individus qui les posent, en raison des circonstances et des mobiles qui les motivent. C'est là un argument central à l'explication du mouvement de/dans la sexualité humaine.

ÉLÉMENTS INTÉGRATEURS

Le comportement sexuel effectif

Tel que mentionné précédemment, l'orientation sexuelle, c'est-à-dire ce qui est érotisé par la personne, peut être en conformité ou non avec son orientation affective. De même, l'orientation sexuelle peut s'actualiser à travers divers types de partenaires ou de relations et différentes pratiques sexuelles. Elle peut aussi trouver sa motivation dans une infinité de facteurs personnels, culturels, économiques ou sociaux. Mais plus encore: le comportement sexuel effectif d'un individu ne correspond pas nécessairement (et, parfois, pas du tout) à son orientation sexuelle, c'est-à-dire ce qu'il a érotisé.

Pressions du milieu environnant, absence ou inaccessibilité (réelles ou imaginées) de partenaires désirés, difficulté ou impossibilité à adopter une attitude ou un comportement conforme à ses désirs, ce sont-là autant d'éléments susceptibles de limiter ou d'empêcher la corrélation entre l'orientation sexuelle de la personne et ses comportements réels. Inversement, le comportement sexuel concret d'un individu ne se trouve pas nécessairement investi en termes d'orientation sexuelle ou ne l'est que d'une façon peu significative. Par exemple beaucoup de gens ont, durant l'adolescence ou la vie adulte, des relations de type homosexuel sans que leur image de soi ou leur orientation sexuelle, identifiées essentiellement comme hétérosexuelles, ne s'en trouvent modifiées. Ceci semble, entre autres, s'appliquer à plusieurs jeunes prostitués masculins pour qui leurs nombreuses pratiques homosexuelles n'affectent pas leur préférence hétérosexuelle.

Trop souvent les termes "préférences" ou "orientations" sexuelles ne réfèrent qu'à des choix de partenaires très spécifiques, sans égard aux pratiques auxquelles elles donnent lieu. Puisque nous parlons ici de comportement sexuel effectif, il apparaît opportun de souligner la diversité des pratiques sexuelles à travers lesquelles se manifestent préférences et orientations sexuelles. Comme nous l'avons vu dans un chapitre précédent, ce furent précisément ces différences de comportement (en l'occurence: être "actif" versus être "passif") à l'intérieur même des pratiques sexuelles qui permettaient aux anciens romains de caractériser leur vécu sexuel. Pour eux, le choix du/de la partenaire était jugé moins déterminant que les pratiques auxquelles on s'adonnait avec lui/elle. Bien que nous n'adoptions guère aujourd'hui une telle perspective (qui, soit dit en passant, est tout aussi arbitraire qu'une autre), il n'en reste pas moins vrai qu'il existe, à l'intérieur de préférences sexuelles similaires, des possibilités de pratiques fort diverses, voire même des "rôles" différents sinon opposés. Que de tels rôles soient labiles, interchangeables ou permanents ne change rien à cette constatation. Personne ne mettra en doute, par exemple, qu'une relation hétérosexuelle de type romantique représente un vécu relativement différent qu'une relation hétérosexuelle à forte tendance sado-masochiste (bien que je ne prétende pas que ces deux inclinaisons ne puissent jamais se retrouver superposées...).

En résumé, si l'on s'en tient aux pratiques des partenaires, on constate souvent davantage de ressemblances ou de divergences entre les individus en raison de leurs pratiques sexuelles plutôt qu'en raison du fait qu'il s'agisse, par exemple, de relations homosexuelles ou hétérosexuelles, exclusives ou non-exclusives, etc.

Le style de vie

Le style de vie de la personne constitue l'agencement qui résulte des diverses composantes énumérées au cours de ce chapitre, c'est-à-dire le sexe, l'image sociale, l'image de soi, l'orientation affective, l'orientation sexuelle et le comportement sexuel effectif. Cet agencement donnera une certaine unité à l'ensemble lorsqu'on le situe dans l'espace et dans le temps. Le style de vie représente en quelque sorte le sens, "l'environnement" que la personne donne à sa dimension affective et sexuelle. Elle vit seule, en couple ou à plusieurs; elle a un ou plusieurs partenaires, exclusifs ou pas; elle adopte une pluralité de préférences, de pratiques, d'orientations ou non; elle rationalise sa vie affective et sexuelle d'une telle façon ou d'une telle autre; elle valorise davantage la tendresse, la génitalité, la rudesse, etc.; elle s'implique émotivement, jusqu'à un certain degré ou pas du tout dans ses relations; etc.

Le style de vie, c'est donc le système relationnel édifié, remodelé, parachevé continûment par l'individu sa vie durant. Il est possible aussi qu'il soit fractionné en plusieurs entités chez un même individu. Qu'on pense, par exemple, au père de famille en apparence monogame qui vit par ailleurs une relation amoureuse secrète avec une personne autre que son épouse. Qu'on songe aussi aux difficultés d'intégrer socialement une orientation bisexuelle. Un semblable morcellement dans leur style de vie se rencontre parfois chez des personnes qui, à l'insu de leur entourage immédiat, font une prostitution occasionnelle. Le secret qui entoure souvent les relations incestueuses amène également les individus concernés à un double standard dans leur façon d'être. Il ne faudrait pas croire pour autant que certaines orientations sexuelles, qu'elles soient préférencielles ou exclusives, sont nécessairement synonymes d'un style de vie particulier. Loin de là. Par exemple, il n'existe vraisemblablement qu'une fraction seulement des personnes ayant des attirances ou des comportements homosexuels qui adhèrent à ce qu'il est convenu d'appeler la sous-culture gaie. D'autre part, l'adoption par un individu de comportements les plus majoritaires ou les plus valorisés culturellement n'est pas forcément synonyme de conformisme social rigide. En dépit des pressions sociales à la conformité, les styles de vie possibles demeurent variés et variables,

dans la mesure où les expériences de vie et les aspirations de chacun peuvent différer à l'intérieur de notre
culture.

7

Pluralité, mouvement et enjeux de/dans la sexualité

La sexualité humaine a varié dans l'espace et dans le temps. Ont varié plus considérablement encore les façons de la représenter et de l'expliquer. Qu'elles soient définies comme philosophiques, religieuses, politiques ou scientifiques, les conceptions élaborées en matière de sexualité ont imprégné les esprits des générations qui les ont vues se déployer. Laxiste ou tourmentée, la morale sexuelle n'a cependant jamais pu ni avaliser ni endiguer la pluralité des désirs et des comportements sexuels. "Les chiens aboient mais la caravane passe", dit le proverbe.

Il n'est pas difficile de reconnaître combien la sexualité humaine présente une grande diversité. Hétérosexualité, bisexualité, homosexualité, qu'elles soient exclusives ou non-exclusives[28], se situent d'ailleurs sur

---

(28) Le terme "exclusives" est ici employé dans les deux sens qu'on peut lui prêter, c'est-à-dire "avec un/e seul/e partenaire à l'exclusion de tout/e autre" d'une part et "en limitant ses pratiques uniquement à l'intérieur d'une même orientation", hétérosexuelle ou homosexuelle, d'autre part.

un continuum d'orientations sexuelles susceptibles de s'actualiser à travers une infinité de pratiques, de partenaires et de styles de vie différents. Un certain nombre de gens parviennent aussi au plaisir sexuel grâce à des objets ou à des partenaires appartenant à d'autres espèces animales. Les pratiques d'auto-sexualité sont, quant à elles, très répandues et ne représentent pas nécessairement, contrairement aux croyances populaires, des pratiques de substitution. De plus, il s'avère que le comportement sexuel d'un individu est plus volontiers fluctuant, au gré de son expérience, que pétrifié. Bref, le cheminement affectif et sexuel de chacun est, jusqu'à un certain point, unique puisqu'il représente la synthèse d'une multiplicité d'expériences vécues et d'aspirations en devenir.

Comprendre le caractère contingent, labile et intime de la sexualité doit nous amener à reconsidérer certaines conceptions réductrices qui ont longtemps prédominé en ce domaine. Par exemple, on sera amené à constater qu'il n'existe aucune façon particulière de "devenir hétérosexuel/le" ou de "devenir homosexuel/le": ce sont-là des mythes périmés. Il existe cependant plusieurs mécanismes complexes susceptibles de provoquer l'érotisation, préférentielle ou exclusive, de certaines caractéristiques et de certains partenaires. De la même façon, il faudra bien convenir un jour que notre vie sexuelle n'est davantage "fixée" à 5 ans, à 10 ans, à

---

(29) Ce qui ne signifie pas qu'on puisse l'orienter de force, dans le cas de sexualités considérées déviantes par exemple. Je laisse aux tyrans scientifiques ou politiques, qui ne manquent malheureusement pas, de telles chimères.

20 ans ou à 40 ans qu'à 60 ans[29], pas plus que ne sont immobilisés, à quelqu'âge que ce soit, nos autres goûts et intérêts.

L'existence humaine constitue un potentiel infini d'expérimentation, d'apprentissage et d'innovation. Ce sont les limitations et les possibilités apportées par la culture environnante qui donneront corps à notre expérience de vie. S'il est vrai que les conduites sexuelles sont orientées par la culture, il n'en demeure pas moins qu'elles peuvent, comme tout autre comportement humain, être elles-mêmes génératrices de changements tant individuels que collectifs (en suscitant de nouveaux styles de vie par exemple). Certes, la personnalité contemporaine représente un produit historique et culturel déterminé, mais elle est aussi productrice d'histoire et de culture dans la mesure où les humains peuvent modifier le monde qui est le leur. Quelles que soient les injonctions culturelles reçues, il n'y a probablement jamais d'invididu totalement privé de toute autonomie relative de pensée ou d'action[30]. Autrement dit, nous sommes les produits de notre culture mais nous n'en sommes pas les prisonniers absolus, car cette culture elle-même représente le fruit du travail de nos prédécesseurs et, à partir du moment où nous-mêmes en faisons partie, le fruit du nôtre.

La culture est création humaine. Elle se fabrique et

---

(30) Ceci semble confirmer par le fait que, même dans les sociétés les plus totalitaires, il arrive que des changements se produisent, que des libertés ou des dissidences s'expriment.

se transforme continûment; la culture d'aujourd'hui et celle de demain nous sommes en train de la façonner. Cela ne signifie pas que nous marchons allégrement vers quelqu'inéluctable "progrès". Une telle vision des choses serait bien naïve: l'évolution sociale apparaît plutôt comme le résultat de rapports de pouvoir entre groupes dont les intérêts divergent. Le conservatisme et l'innovation appartiennent autant à l'avenir qu'au passé. Si la société change, aucun mouvement "naturel" ne vient régler sa trajectoire: ce sont tous ses membres qui peuvent participer à son orientation. Les mouvements féministes et les mouvements gais, de même que certains mouvements prônant l'éducation sexuelle, ont éclairé les enjeux de la normativité sexuelle à laquelle notre héritage culturel nous a assujettis. Ces mouvements ont probablement déjà contribué à l'amorce de transformations dans les mentalités populaires et dans les institutions sociales en ce qui concerne nos représentations de l'homme, de la femme, de leur sexualité. Il appartient semblablement à chacun/e d'entre nous de participer (ou pas) aux remises en question qu'il/elle juge nécessaires.

Notre culture nous a traditionnellement conditionnés à classifier, catégoriser et pathologiser la sexualité, de sorte que nous avons collectivement appris à exercer à son endroit intolérance et normativité. Les résultats d'une telle entreprise sont individuellement et socialement destructeurs. Loin même de combattre l'exploitation ou l'agression sexuelle (à supposer que c'eût été son objectif), la "moralisation" de la sexualité a vraisemblablement eut pour effet d'accroître la misère psychologique, sexuelle et sociale des individus. Manifestement, il n'existe pas de raisons "objectives" (c'est-à-dire non religieuses, non idéologiques ou non politiques) pour justifier les réductions simplistes auxquelles la sexualité a été soumise dans notre culture ainsi que la répression dont elle a été l'objet.

Nos conceptions de la sexualité humaine restent à dépoussiérer. Cette tâche nécessite que nous adaptions davantage nos théories à la réalité contemporaine et non plus vice versa. C'est à pareille entreprise que j'ai voulu contribuer par ce texte.

8

Bibliographie commentée

Dresser un guide bibliographique qui rende compte de l'ensemble des ouvrages consultés ou des auteurs auxquels je suis redevable m'est apparu difficile tellement fort était le sentiment d'avoir porté et alimenté depuis longtemps certains éléments de cette réflexion. Aussi, j'ai pris le parti d'inclure dans la liste qui suit les matériaux qui m'ont semblé représenter le plus d'intérêt en rapport avec la démarche entreprise dans ce livre.

BIBLIOGRAPHIE COMMENTÉE

ACHARD, P. et autres, *Discours biologique et ordre social,* Paris, éd. du Seuil, 1977.
La biologie examinée dans ses fondements idéologiques et dans ses utilisations par le pouvoir.

ALBERONI, F., *Le choc amoureux,* Paris, éd. Ramsay, 1980.
Une réflexion étonnante sur l'amour, considérée comme une révolution à deux.

ALTMAN, Dennis, *Homosexuel(le), oppression et libération,* Fayard, Paris, 1976.
Une analyse politique de l'oppression sociale subie par les personnes d'orientation homosexuelle.

ARIÈS, Philippe, *L'enfant et la vie familiale sous l'Ancien Régime,* éd. du Seuil, Paris, 1973.
Les regards d'un historien réputé sur notre passé.

BELL, Alan P., WEINBERG, Martin S. *Homosexualities,* Touchstone book, New York, 1979.
Une étude qui a renversé quelques mythes... et qui a en a créé d'autres.

BELL, Alan P., WEINBERG, Martin S., HAMMERSMITH, Sue K. *Sexual Preference,* Indiana University Press, Bloomington, 1981.
Comment biaiser dix ans de recherche de façon éhontée. Bell et compagnie (re)découvre que l'homosexualité est une tare.

BELOTTI, Elena Gianini, *Du côté des petites filles,*
éd. des Femmes, Paris, 1974.
Pour ceux et celles qui ne seraient pas encore convaincus de l'influence des condi-
tionnements sociaux sur les stéréotypes
masculins et féminins.

BEM, S.L., "The Measurement of Psychological
Androgyny", *Journal of Consulting and
Clinical Psychology,* 1974, No. 42, pp.
155-162.
Comme quoi l'androgynie psychologique
c'est non seulement possible mais encore
plutôt salutaire.

BEM, S.L., "Sex Role Adaptability: One Consequence of
Psychological Androgyny", *Journal of
Personnality and Social Psychology,*
1975, No. 31 pp. 634-643.
Idem que précédemment.

BLUMSTEIN, P.W. et **SCHWARTZ, P.S.,** "Bisexuality: Some
Social Psychological Issues", *Journal of
Social Issues,* Vol. 33, No. 2, 1977, pp. 30-45.
Un excellent article sur le développement de
la bisexualité.

BONNET, Marie-Jo, *Un choix sans équivoque,* Paris,
Denoël/Gonthier, 1981.
Ce choix c'est parfois celui des femmes qui
aiment d'autres femmes.

BOSWELL, John, *Christianity, Social Tolerance, and
Homosexuality,* Chicago, The University of
Chicago Press, 1980.
Acclamé de toute part, une étude remarqua-
ble qui renouvelle complètement le sujet trai-
té. Érudit.

BRAIN, Robert, *Amis et amants,* éd. Stock, Paris, 1980.
Les considérations d'un anthropologue sur l'amitié et l'amour. Stimulant.

BOUCHARD, Alain, *Le complexe des dupes,*
éd. Homeureux, Montréal, 1980.
De quelques duperies populaires en matière de sexualité, en particulier d'homosexualité.

BOURDIEU, Pierre, PASSERON, J.C., *La reproduction,*
éd. Minuit, Paris, 1970.
Sur la reproduction sociale et culturelle, une théorie intéressante dont on doit cependant dépasser l'enfermement.

BULLOUGH, Vern L., *Sexual Variance in Society and
History,* The University of Chicago Press, Chicago, 1976.
Une somme impressionnante de données sur les attitudes et les comportements sexuels à travers les âges et les civilisations.

BULLOUGH, Vern et Bonnie, *Sin, Sickness and Sanity:
A History of Sexual Attitudes,* New American Library, Meridian, New York, 1977.
Une histoire de l'évolution des normes sociales en matière de sexualité.

CARRERA, Michael, *L'encyclopédie du Sexe: les faits, les
actes, les sentiments,* éditions Solar, 1981.
En dépit de certaines réserves, le volume du genre "encyclopédique" le moins mauvais que j'aie trouvé à ce jour.

CASTEL, Robert, *Le psychanalysme,* Union générale
d'éditions, coll. 10/18, Paris, 1976.
Une critique corrosive de la psychanalyse comme institution sociale.

CHURCHILL, **Wainwright,** *Homosexual Behavior Among Males,* Prentice-Hall, Englewood Cliffs, 1967.
A partir de comparaisons trans-culturelles, l'auteur étudie les relations de type homosexuel. Intéressant.

CLÉMENT, **Catherine B.** et autres, *Pour une critique marxiste de la théorie psychanalytique,* éditions sociales. Paris, 1977.
Freud et fils examinés sous un regard politique.

CROZIER, **Michel, FRIEDBERG, Erhard,** *L'acteur et le système,* éd. du Seuil, Paris, 1977.
Par un éminent sociologue, comment les stratégies humaines s'affrontent à travers les individus et leurs organisations. Captivant.

CUSSON, **Maurice,** *Délinquants pourquoi?* éd. Hurtibise HMH, La Salle, 1981.
Un exemple d'utilisation judicieuse des théories élaborées dans le livre précédent (Crozier et Friedberg).

DAVENPORT, **William,** "Sexual Patterns in a Southwest Pacific", dans *An Analysis of Human Sexual Response,* Londres, André Deutsch, 1967.
Une intelligente description des activités sexuelles à l'intérieur d'une culture bien différente de la nôtre.

D'EAUBONNE, **Françoise,** *Eros minoritaire,* André Balland, Paris, 1970.
Remarquablement documentée, une analyse historique et géographique du fait homosexuel.

D'EAUBONNE, Françoise, *Les femmes avant le patriarcat,*
éd. Payot, Paris, 1977.
Comme quoi le patriarcat n'est ni éternel, ni universel.

DEBRÉ-RITZEN, Pierre, *La scolastique freudienne,*
Fayard, Paris, 1972.
Malgré des postulats et des conclusions que je rejette, quelques bonnes idées sur le freudisme.

de ROUGEMONT, Denis, *L'Amour et l'Occident,*
éd. 10/18, Paris, 1972.
Comment se sont développés les archétypes amoureux à l'intérieur de la culture occidentale.

DORAIS, Michel, "Pour une conception positive de l'homosexualité", *Revue québécoise de sexologie,* vol. 2, No. 1, 1981, pp. 40-45.
J'avais particulièrement écrit ce texte afin de "dépathologiser" cette orientation sexuelle.

DOVER, K.J., *Greek Homosexuality,* Vintage Books,
New York, 1980.
L'homosexualité dans la Grèce antique, revue et corrigée par un historien qui a remarquablement approfondi le sujet.

ÉLIAS, Norbert, *La civilisation des moeurs,* Calman-Lévy,
Paris, 1973.
Sur l'évolution des moeurs, sexuelles notamment, chez nos ancêtres.

FEYERABEND, Paul, *Contre la méthode,* éd. du Seuil,
Paris, 1979.
Éloge du savoir libertaire, la dissertation de Feyerabend ne manque pas d'argumentation. Corrosif.

FIRESTONE, S., *La dialectique du sexe,* éd. Stock, Paris, 1972.
Une des analyses féministes les plus marquantes de notre époque.

FORD, C.S. et **BEACH, F.A.,** *Le comportement sexuel chez l'homme et l'animal,* Paris, Robert Laffont, 1970 (éd. originale: *Patterns of Sexual Behavior,* Harper and Brothers, 1952).
Bien que l'édition originale date de trente ans, cette contribution à la compréhension des comportements sexuels demeure significative.

FOUCAULT, Michel, *La volonté de savoir,* Tome 1 de la série "Histoire de la sexualité", éd. Gallimard, coll. Bibliothèque des Histoires, 1976.
Épistémologue et historien, Foucault a une façon brillante, bien à lui, de disséquer nos us et coutumes.

GAGNON, John H., SIMON, William, *Sexual Conduct: The Social Sources of Human Sexuality,* Chicago, Aldine, 1973.
De ce recueil de textes on retiendra surtout le premier chapitre, qui propose une conception perspicace du comportement sexuel humain.

GOFFMAN, Erving, *La mise en scène de la vie quotidienne,* Tome 1 et 2, éd. de Minuit, Paris, 1973.
Goffman illustre magnifiquement bien les mécanismes personnels et culturels régissant les rapports entre les membres d'une société.

HITE, Shere, *The Hite Report,* New York, Dell, 1976.
Certains "scientifiques" ont crié au scandale lorsqu'ils ont vu une historienne, femme de surcroît, donner la parole aux gens concernant leur sexualité. Sans doute sont-ils jaloux du travail, admirable, réalisé par Shere Hite.

HITE, Shere, *The Hite Report on Male Sexuality,*
New York, Alfred A. Knoff, 1981.
... Une écrasante récidive. Les ennemis de Mme Hite s'en relèveront-ils?

HOLTON, Gérald, *L'imagination scientifique,*
éd. Gallimard, Paris, 1981.
Un physicien s'interroge sur la science qu'il conçoit comme un "fait culturel total". Il démontre combien même les sciences dites "pures" sont colorées idéologiquement.

ISAAC, Joseph, FRITSCH, Philippe, "Disciplines à domicile", revue *Recherches,* No 28, novembre 1977.
On assiste à la mise en place des dispositifs de contrôle social nécessité par la révolution (?) industrielle.

JACCARD, Roland, *L'exil intérieur,* Presses universitaires de France, 1975.
Un petit livre qui reprend avec concision les remarques des principaux historiens de notre époque sur l'avènement de "l'Homme moderne".

JAUBERT, A. et **LEVY-LEBLOND, J.M.,** *(Auto)critique de la science,* Paris, éd. du Seuil, 1975.
Les enjeux de la recherche scientifique.

KINSEY A. et autres, *Sexual Behavior in the Human Male,* Philadelphie, W.B. Saunders, 1948.
Vilipendé par toute la "bonne société" américaine de son époque, Alfred Kinsey fut un pionnier de la recherche-terrain dans le domaine de la sexualité. Son oeuvre s'impose à nous, plus de trente ans plus tard, pour sa rigueur et sa lucidité.

KINSEY A. et autres, *Sexual Behavior in the Human Female,* Philadelphie, W.B. Saunders, 1953.
Idem que précédemment.

KLAICH, Dolores, *Femme et femme,* Paris, éd. des femmes, 1976.
Une analyse des attitudes envers l'homosexualité féminine.

LIPS, H.M., COLWILL, N.L. *The Psychology of Sex Differences,* Prentice-Hall, Englewood Cliffs, 1978.
Un excellent bouquin qui, études à l'appui, démystifie plusieurs stéréotypes populaires à propos du "masculin" et du "féminin".

MALINOWSKI, Bronislaw, *La sexualité et sa répression dans les sociétés primitives,* Petite bibliothèque Payot, Paris, 1980 (éd. or.: 1927).
Malinowski a eu le mérite de ne pas gober tout rond les hypothèses de Freud.

MASTERS, W.H., JOHNSON, V.E., *Les perspectives sexuelles,* éd. Medsi, Paris, 1980.
Bien qu'ils se disent eux-mêmes fort objectifs et libéraux, Masters et Johnson vous expliqueront dans ce livre comment "changer" supposément d'orientation sexuelle. Très peu convaincant, mais instructif des méthodes et des valeurs véhiculées par ce couple célèbre.

MEAD, Margaret, *L'un et l'autre sexe,* Paris, Denoël/Gonthier, 1966.
Ecrit en 1948, ce volume démontre l'incroyable acuité et l'indépendance d'esprit de la grande anthropologue.

MÉNARD, Guy, *De Sodome à l'Exode,* éd. l'Aurore/Univers, Montréal, 1980.
Un point de vue théologique (et historique) différent sur les attitudes anciennes et modernes envers l'homosexualité.

MILLET, Kate, *La politique du mâle,* éd. Stock, Paris, 1971.
Une critique mordante des principes à l'origine de la domination des hommes sur les femmes.

MONEY, J. et **EHRHARDT, A.,** *Man and Woman, Boy and Girl,* Baltimore, John Hopkins University Press, 1972.
Élucubrations desquelles on arrive quand même à tirer quelqu'enseignement, sur la notion "d'identité sexuelle" notamment.

PERNOUD, Régine, *Pour en finir avec le Moyen-Age,* Paris, éd. du Seuil, 1977.
Historienne accomplie, Régine Pernoud remet à leur place quelques légendes colportées à propos du Moyen-Age.

POLITZER, Georges, *Les fondements de la psychologie,* éditions sociales, Paris, 1973.
Réunissant des textes de l'auteur écrits entre 1924 et 1939, ce volume permet de connaître le travail de précurseur accompli par Politzer.

RAYMOND, Janice, *L'empire transsexuel,* éd. du Seuil, Paris, 1981.
Une critique acerbe de la notion de "transsexualité" ainsi que des usages et abus auxquels elle donne lieu.

REBECCA, M. et autres, "A Model of Sex-Role Transcendence", *Journal of Social Issues*, 1976, No. 32, pp. 197-206.
Ce court article s'attache à montrer combien une pluralité de modèles sexuels et sociaux s'avère souhaitable.

RÉMY, Jean et autres, *Produire ou reproduire?*, éditions Vie Ouvrière, Bruxelles, 1978.
Un essai de synthèse des principaux sociologues qui se sont penchés sur ces deux facettes du fonctionnement social que sont la permanence et le changement.

REYNAUD, Emmanuel, *La Sainte Virilité,* Syros, Paris, 1981.
Des considérations caustiques qui ébranlent le monument sur son socle.

ROSE, H. et autres, *L'idéologie de/dans la science,* Paris, éd. du Seuil, 1977.
Les liens entre la science, l'idéologie et le politique. Une critique radicale mais lucide.

ROSS, M.W. et autres, "Stigma, Sex and Society: a New Look at Gender Differentiation and Sexual Variation", *Journal of Homosexuality,* Vol. 3 (4), été 1978, pp. 315-330.
Une excellente critique des théories associant une base hormonale aux comportements sexuels.

SÈVE, Lucien, *Marxisme et théories de la personnalité,* éditions sociales, Paris, 1975.
Bien qu'on ne puisse prétendre qu'il se lit comme un roman, ce livre constitue un apport majeur dans le domaine de la psychologie, en raison de la perception d'ensemble de l'être humain et de ses actes que développe Lucien Sève.

SHIVELY, M.G. et **DeCECCO, J.P.**, "Components of Sexual Identity", *Journal of Homosexuality*, Vol. 3 (1), automne 1977, pp. 41-48.
Une tentative (décevante) d'expliquer (et d'intégrer?) certaines composantes de "l'identité sexuelle".

SHORTER, Edward, *Naissance de la famille moderne,* éd. du Seuil, Paris, 1977.
A partir de données démographiques et historiques, comment notre type particulier de cellule familiale s'est développé.

SKRZYPCZAK, J.F., *L'inné et l'acquis,* éd. Chronique Sociale, Lyon, 1981.
Sans être un grand livre, on y retrouve un honnête état de la question.

SZASZ, Thomas, *Fabriquer la folie,* Payot, Paris, 1976.
Comment on "fabrique", littéralement, les déviants et quels intérêts cela sert.

SZASZ, Thomas, *Sexe sur ordonnance,* Hachette, 1981.
Une virulente, mais combien lucide, critique de ces nouveaux moralistes que sont souvent les sexologues.

THUILLIER, Pierre, *Les biologistes vont-ils prendre le pouvoir?,* éd. Complexe, Bruxelles, 1981.
Il est rare de voir un auteur manier avec autant d'aisance la rigueur logique, l'écriture et l'humour. Une charge imposante contre la sociobiologie, mais surtout un livre passionnant.

THUILLIER, Pierre, *Darwin et co.,* éd. Complexe, Bruxelles, 1981.
Dans la même veine que le livre précédent, mais concernant les théories darwiniennes cette fois.

THUILLIER, Pierre, "La science est-elle sexiste?", dans
La Recherche, No. 130, février 1982,
pp. 235-238.
... Question à laquelle on a l'impression de
déjà connaître la réponse...

TOURAINE, Alain, *La voix et le regard,* éd. du Seuil,
Paris, 1978.
Un des grands sociologues de notre époque
donne sa vision de la société et du changement. Un livre essentiel.

TRIPP, C.A., *The Homosexual Matrix,* New York,
McGraw-Hill, 1976.
Dix années de travail ont été nécessaires à
Tripp pour finaliser son volume. Un des ouvrages les plus importants jamais consacré à
l'homosexualité. À noter, le chapitre sur les
origines de l'hétérosexualité.

VAN USSEL, Jos, *Histoire de la répression sexuelle.*
Paris, Robert Laffont, 1972.
Un classique du genre.

VEYNE, Paul, "La vie sexuelle dans l'empire romain".
Sciences et Avenir, No. 365, juillet 1977,
pp. 699-702.
Même si je le soupçonne de s'étonner un peu
trop aisément de ses découvertes, Paul
Veyne n'en demeure pas moins un historien
perspicace.

VEYNE, Paul, "Témoignage hétérosexuel d'un historien sur
l'homosexualité" dans *Le regard des autres,*
actes du congrès international d'Arcadie,
Paris, 1979.
Des remarques éclairées rompant avec les
clichés historiques et culturels les plus courants.

WEINBERG, T.S., "On Doing and Being Gay: Sexual Behavior and Homosexual Male Self-Identity".
Journal of Homosexuality, Vol. 4. (2), hiver 1978, pp. 143-156.
Quelques remarques pertinentes sur l'auto-étiquetage des individus selon leurs comportements sexuels.